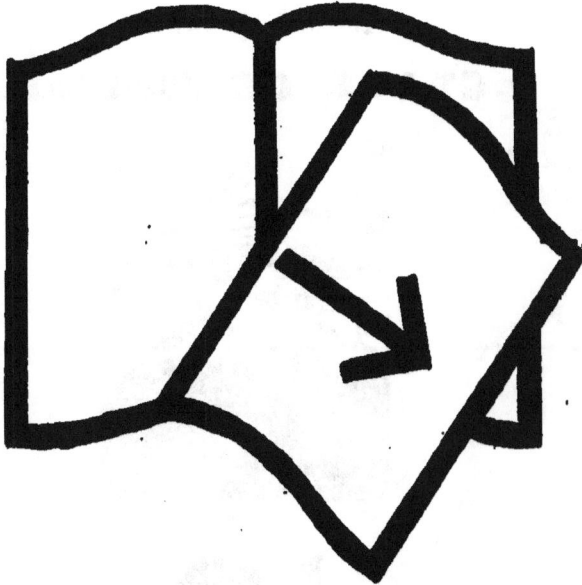

Couverture inférieure manquante

[COU]RS PRATIQUE

DE

FRANC-MAÇONNERIE,

PUBLIÉ SUR LA DEMANDE ET SOUS LES AUSPICES

DE LA R∴ L∴ ISIS-MONTYON,

Par le F∴ C∴ DUPONTÈS.

———

TROISIÈME CAHIER,

GRADE DE MAITRE.

PARIS.

Chez l'Auteur, au Bureau de *l'Encyclopédie Maçonnique*,
rue St-Denis, 279, près des Bains St-Sauveur.

———

1841.

Errata du 2ᵉ Cahier dans quelques exemplaires.

Dernière ligne de la p. 98, au lieu de p. 39, *lisez* p. 38.
2ᵉ ligne, p. 152, au lieu de p. 109, *lisez* p. 107.
Note *b,* p. 154, au lieu de p. 119 *lisez* p. 117.

INSTRUCTION

SUR LE

GRADE DE MAITRE

AUX DEUX RITES, FRANÇAIS ET ÉCOSSAIS.

CHAPITRE VII.

CATÉCHISME DU MAITRE,

ou

Conférence entre le T.˙. R.˙. et les T.˙. V.˙. Surv.˙.

Nota. Nous répétons que nos catéchismes sont de simples commentaires (p. 75), dans lesquels nous essayons de faire ressortir les caractères spéciaux et la moralité de chaque Gr.˙., sauf les développemens ultérieurs, et non des formulaires destinés à remplacer les Catéch.˙. officiels ; qu'en conséquence, nous pouvons omettre certaines questions de ceux-ci, soit parce qu'elles ne nous semblent pas fort importantes, soit pour ne pas publier ce qui ne doit se révéler qu'en Loge. Les présidens d'Atel.˙. sauront discerner ce qu'ils doivent ajouter ou retrancher aux questions que nous posons.

Voyez p. 103, pourquoi nous numérotons les questions.

LE T.˙. R.˙. AU T.˙. V.˙. 1er SURV.˙.

1. DEMANDE : T.˙. V.˙. 1er Surv.˙., êtes-vous Maître ?

RÉPONSE : *Examinez-moi, l'acacia m'est connu.*

2. D. Quel rapport cet arbre a-t-il avec la Maîtrise ?

R. Les MM.˙. qui allèrent à la recherche de l'archit.˙. Hiram, ayant trouvé un tertre qui paraissait couvrir un cadavre, et dont la terre était fraîchement remuée, y plantèrent, pour reconnaître le lieu, une branche d'acacia. De là, cet arbre est devenu un symbole Maçonn.·., et particulièrement celui de la Maîtrise.

3. D. Qu'était Hiram ?

R. L'Architecte qui présidait à la construction du temple de Salomon. Il fut tué par trois perfides compagnons, qui voulurent lui arracher le mot de M.·., afin de jouir dans un autre pays, des avantages de ce Gr.·., qu'ils n'avaient pas encore mérité.

4. D. Que signifie le mot Hiram ?

R. Il veut dire élevé. Pour le distinguer du roi de Tyr, qui avait le même nom, on l'appelle souvent *Hiram-Abi* (père élevé), ou *Adonhiram* (seigneur élevé), d'où est venu le nom de *Maçonn.·. Adonhiramite* (A), et ce qui donne lieu à diverses interprétations astronomiques et religieuses. Les Maç.·. regardant Hiram comme leur père *(Abi)*, et voulant honorer sa mémoire dans la personne de sa veuve, s'appellent entr'eux L.·. E.·. D.·. L.·. V.·.

5. D. Comment avez-vous été introduit en L.·. de M.·. ?

R. Par le signe, la marche et en costume de Comp.·., les bras nus, signe de mon ardeur au travail, et la poitrine également nue, signe d'un cœur ouvert et dévoué à mes FF.·., une équerre attachée au bras, signe de ma droiture et de ma régularité.

6. D. Comment avez-vous été conduit et traité ?

R. En Comp.·. suspect, et l'on m'a fait entrer à reculons.

7. D. Pourquoi, mon F.·. ?

R. Parce que, dans la défiance qu'inspirait aux M.·. la mort d'Hiram, dont ils ne connaissaient pas encore les auteurs, ils voulaient s'assurer de moi, et m'empêcher de voir ce qui se passait dans la L.·. avant d'avoir acquis la certitude que je méritais d'être admis parmi eux.

8. D. Comment êtes-vous parvenu à la M.·. ?

R. Par ma participation à cinq séances d'instruction comme App.·., et à deux comme Comp.·. (Statuts gén.·.), en prouvant que je connaissais bien ces deux Gr.·., et que j'avais franchi les cinq premiers deg.·. du temple, c'est-à-dire, que j'avais fait des efforts pour acquérir les qualités et les vertus de l'App.·. et du Comp.·. (Q.·. 39, p.·. 118).

9. D. De quelles qualités les 6ᵉ et 7ᵉ deg ·. du T.·. sont-ils les symboles ?

R. Ils marquent que le M.·. doit ajouter aux cinq premières qualités : 1° pour le 6ᵉ deg.·., la modération dans ses prétentions et dans ses désirs, qui met en garde contre l'orgueil, l'envie et la cupidité ; 2° pour le 7ᵉ, le courage et la résignation dans le malheur, soutenues par l'espérance d'un meilleur avenir dans cette vie ou dans l'autre.

10. D. Qui vous a présenté ?

R. Le F.·. 1ᵉʳ Surv.·., qui a rempli les formalités que le 2ᵉ Surv.·. avait observées avant d'appuyer ma demande du gr.·. de Comp.·. (observer ce qui est dit Q.·. 6, 7, 9, 10 et 11, p. 104 et 105).

11. D. Où avez-vous été examiné sur le 1ᵉʳ et le 2ᵉ gr.·. ?

R. En L.·. de Comp.·., et j'ai encore été interrogé par le T.·. R.·., lorsque j'ai été introduit dans la ch.·. du milieu.

12. D. Qu'est-ce que la ch.·. du milieu ?

R. C'est l'enceinte où se trouve le corps d'Hiram, qui est au milieu de la L.·. de M.·.

13. D. Qu'avez-vous remarqué dans la L.˙. ?

R. La consterna˙ion causée par le crime qui privait les ouvriers d'un bon et habile maître.

14. D. Quelles ont été les formes de votre réception ?

R. D'abord très sévères pour moi. Mais lorsque j'eus prouvé mon innocence, ce qui m'était très facile, j'ai représenté M.˙. Hiram, et les deux grandes phases de la mort et de la vie nouvelle par lesquelles il a passé.

15. D. Avez-vous regardé la résurrection d'Hiram comme un fait ?

R. J'avais trop bien appris à connaître l'esprit philosophique et allégorique de la Maçonn.˙., pour ne pas voir là une fiction et un symbole. Jusqu'alors on ne m'avait guère présenté que des emblèmes matériels. Ici il y a un drame mystérieux, un *mythe* (p. 153), où tout est allégorique, l'action, la victime et les meurtriers. En offrant ce drame à ses disciples, la Maç.˙. semble avoir voulu les avertir que beaucoup de faits de ce genre, contraires aux lois éternelles de la nature, ne sont que des symboles. Voilà comme elle a des secrets qu'elle ne révèle pas explicitement (p. 14), mais que les Maç.˙. intelligens découvrent. Elle n'établit pas de controverses dans son sein, afin de n'affliger aucune croyance ; mais, en mettant sous les yeux du candidat un mort qui revient à la vie, elle soumet à son jugement cette grande question, qu'elle lui laisse répondre à son gré, sans même lui en demander la solution : les lois établies par le Grand Géomètre sont-elles immuables, ou peuvent-elles être changées dans l'intérêt d'un individu, d'une famille, d'une peuplade, de la terre elle-même, qui est à peine, dans l'immensité de

l'univers, ce qu'est un grain de sable dans l'O-
céan ?

16. D. Comment expliquez-vous cette allégorie, qui est le caractère distinctif du gr.·. ?

R. Je pense qu'en prenant pour base les deux
conséquences générales qu'elle présente, le bien
succédant au mal réel ou apparent, et le renou-
vellement perpétuel de toutes choses, elle se
prête à de nombreuses applications dans l'ordre
physique et dans l'ordre moral. (Voir les développ.·. ci-après, § I.)

17. D. Parmi ces explications qui doivent être
en effet très nombreuses, puisqu'elles embras-
sent tout ce qui existe, il y en a sans doute qui
sont des objets de curiosité, et d'autres, d'importantes considérations morales. Avez-vous
reconnu ces dernières ?

R. J'ai été frappé d'une première pensée, d'où
résultent la conviction de la dignité de notre
nature, une juste appréciation des peines d'une
vie passagère, notre consolation et le soutien de
notre courage dans ces peines, l'attachement
inébranlable à nos devoirs et à la vertu, en dépit
de toutes les séductions et de toutes les passions.
Cette pensée est celle de notre immortalité, vérité de sentiment, qui est dans nos ames, tour-
mentées de désirs sans bornes, qui seule explique
l'ordre moral, et qui se lie nécessairement à
l'idée d'un Dieu dont la justice doit récompenser
la vertu persécutée et punir le crime triomphant,
d'un Dieu qui nous aurait traités plus mal que
les brutes, en nous donnant la prévoyance de la
mort (p. 185), si cette vie terrestre ne devait pas
être suivie d'une autre. Et comment l'être
pensant périrait-il, puisque la matière elle-même
ne périt pas, qu'elle se perpétue par des transformations continuelles ?

Ainsi, immortalité de l'individu homme, immortalité de la famille humaine, par la succession des générations, immortalité du grand ensemble créé ou arrangé par le puissant géomètre, voilà ce que nous enseigne la résurrection allégorique de M.˙. Hiram.

18. D. Que devient l'intelligence humaine au milieu de ces transformations et renouvellemens?

R. Elle aussi se perpétue, elle grandit et se perfectionne. Les générations profitent des travaux de celles qui les ont précédées, elles ajoutent des découvertes nouvelles à celles que leurs pères leur ont transmises : magnifique privilége dont le G.˙. A.˙. a gratifié l'homme à l'exclusion des autres animaux, qui sont bornés à leur instinct individuel, et dont les races ne sont pas plus avancées que celles qui ont vécu il y a des milliers de siècles. Immortalité de l'intelligence humaine, c'est le vrai sens de la métempsycose : les hautes conceptions d'un homme de génie, passent dans un autre, qui perfectionne ce que le premier a inventé, qui invente à son tour ce que ses successeurs perfectionneront. De là les bienfaits du génie, de là des merveilles dont l'annonce aurait été regardée comme de folles rêveries par des générations à peine écoulées.

19. D. Vous regardez donc l'*immortalité* et le *génie* comme les deux objets principaux que le gr.˙. rappelle à notre attention?

R. Oui, et quant aux vertus pratiques, j'y vois une noble émulation pour le progrès social et pour nos progrès individuels, et les deux vertus dont j'ai déjà parlé, la modération dans les désirs, et le courage dans le malheur, fondés sur l'espoir d'un meilleur avenir, la résignation aux maux irréparables, dans l'attente d'une vie qui n'aura ni soucis ni chagrins.

Espérance, espérance ! c'est la consolatrice de tous les maux. Tant que l'homme la conserve, il supporte l'adversité avec constance, il est plus en état de la vaincre, de la réparer, de la tourner même en bien. Nous avons toujours une meilleure situation à espérer, soit dans cette vie, soit dans l'autre. Les anciens nous ont donné la même leçon par une allégorie ingénieuse. La boîte de Pandore renfermait tous les maux ; mais au fond de cette boîte était l'espérance *.

20. D. Puisque la vie immortelle sera exempte de soucis et de chagrins, ne devons-nous pas soupirer après elle, et nous hâter même d'en jouir, en abrégeant nos jours ?

R. La pensée de la mort porte le sage à vivre toujours de manière à pouvoir se rendre à l'heure suprême le témoignage consolant qu'il a fait un bon et utile emploi de la vie pour les autres et pour lui-même. Mais il attend paisiblement cette dernière heure, sans la désirer comme sans la craindre. Il sait que son passage sur la terre est

---

* Dans le rit de la *Stricte Observance*, pratiqué par plusieurs LL∴ d'Allemagne, le symbole de la Maîtr∴ est un vaisseau sans mâts, sans voiles, flottant sur une mer calme, avec la légende *ma force est dans le silence et l'espérance*. Le sage souffre ses maux patiemment, sans éclater en plaintes : voilà pour le silence. Mais il ne s'embarquera pas sur un vaisseau sans mâts et sans voiles. Il faut toujours espérer, mais il n'est pas moins nécessaire d'être prudent ; car Dieu n'aide que ceux qui s'aident eux-mêmes. La devise n'est bonne qu'en supposant que dans le cours de la navigation, le vaisseau perd ses agrès. Dans ce cas, l'homme fort conserve encore l'espoir, ou du moins se résigne.

un poste qui lui a été confié par le souverain
ordonnateur; il se regarde comme un soldat
qui ne déserte pas son poste avant d'avoir été
rappelé par son général.

21. D. Comment, avec un Dieu qui doit être
infiniment puissant et infiniment bon, sans quoi
il ne serait pas Dieu, expliquez-vous le mal qui
existe dans le monde?

R. C'est une question difficile à résoudre, qui
a été agitée de tout temps par les ministres des
cultes et par les philosophes, et qui a donné lieu
à un grand nombre de systèmes.

Le mal moral s'explique assez facilement. Il
est l'effet des passions, que Dieu nous a données
comme des instrumens avec lesquels nous pouvons faire beaucoup de bien, mais dont nous
abusons pour notre malheur et pour celui de
nos semblables, en vertu de notre liberté d'agir
bien ou mal, sans laquelle nous serions réduits à
l'instinct des bêtes, et malgré notre raison, notre
conscience, qui sont aussi des présens de la
bonté divine.

Quant au mal physique, il nous paraît tel,
à nous qui en souffrons. (Voir les développ.·. ci-
après.) Mais il est une suite nécessaire des lois
naturelles, qui assurent la conservation et le re-
nouvellement des différentes parties de l'univers.
Ainsi, pour n'en citer que quelques exemples,
l'air agité est souvent nuisible sur des parties de
terre et de mer; mais s'il était toujours calme,
l'atmosphère serait bientôt corrompue, et nous
serions privés de bien des avantages que les
vents nous procurent. Il en est de même des
orages, des volcans, des tremblemens de terre,
des inondations, et autres phénomènes, qui pro-
duisent des dommages partiels, mais qui vien-

nent de causes sans lesquelles notre globe serait froid et stérile, ou ne serait pas continuellement arrosé par de grands fleuves.

Ceux des maux physiques qui nous affligent le plus généralement et le plus fréquemment, les maladies, sont les effets, ou de la mauvaise conduite de nos pères, ou de la nôtre, de notre manière de vivre, bien éloignée du vœu de la nature, du luxe et de l'oisiveté dans certaines classes, d'un travail meurtrier et des privations dans d'autres, de l'intempérance et de l'abus des plaisirs dans toutes. Sauf des accidens naturels, Dieu ne fait que des êtres sains, témoins les animaux qui vivent en liberté.

Enfin, d'après la puissance, l'intelligence et la sagesse avec lesquelles sont coordonnés les millions de mondes qui composent cet immense mécanisme dit l'univers, dont les bornes de notre intelligence ne nous permettent pas de saisir tout l'ensemble, tous les détails et tous les rouages, nous devons être convaincus que le grand Mécanicien a fait de notre globe ce qu'il peut et doit être au milieu des mondes innombrables dont il est une infiniment petite partie, que l'homme lui-même, autre bien petit monde, dont l'organisation est merveilleuse, est également tout ce qu'il peut et doit être suivant la place et le rôle qui lui ont été assignés, et que son auteur lui a donné, à condition qu'il se servira de sa raison, les moyens de se procurer tout le bonheur auquel il peut prétendre dans cette vie fugitive et d'épreuves, exposée aux accidens qui résultent des lois générales et immuables de la nature, et des froissemens de l'ordre social.

AU SECOND SURV∴.

22. D∴ T∴ V∴ 2ᵉ Surv∴, que pensez-vous

de la conduite d'Hiram, qui a souffert volontai-
rement la mort plutôt que de communiquer à
des Comp.·. un mot qu'ils ne devaient pas connaître ?

R. Ce courageux dévouement apprend aux
Maç.·. que ni séductions, ni menaces, ni vio-
lences, ne doivent les faire dévier de leur devoir, et qu'il faut lui tout sacrifier, même la vie,
s'il est nécessaire.

23. D. Qu'est-ce que représentent les trois
Compagnons, assassins d'Hiram?

R. Les trois passions les plus communes dans
le monde prof.·., et qui sont en même temps les
sources les plus fécondes de crimes et de cala-
mités publiques et privées, savoir, l'orgueil, l'envie et la cupidité. Il faut les combattre jusqu'à
ce qu'on les ait étouffées dans son cœur; car
elles sont le tourment de l'homme qui a le malheur de leur céder. Portées à un certain degré
d'exaltation, elles peuvent l'entraîner dans les
crimes les plus atroces.

24. D. Qu'opposez-vous à l'orgueil?

R. La modestie. Le compagnon modeste ne
se flatte pas d'avoir la science d'un maître; et
le maître lui-même, plus il apprend, mieux il
reconnaît qu'il ne sait rien relativement à ce qui
lui reste à apprendre. Il se défie de sa capacité, et
fait tous ses efforts pour l'augmenter par son application.

25. D. Qu'opposez-vous à l'envie, fille de l'orgueil, et qui ronge le cœur de ceux qui en sont
les esclaves, qui affaiblit même leur constitution
physique, et imprime la lividité sur leur front? *

* Sur son front pâle et sombre habite le chagrin;
Une affreuse maigreur a desséché son sein.

R. A cette triste et basse passion, qui tue, a dit Job, j'oppose l'amour de mes semblables, qui me porte à me réjouir de leurs succès. Leur prospérité, loin de m'inspirer une inutile et funeste jalousie, excite en moi une émulation salutaire, qui m'encourage à redoubler d'efforts pour égaler et même surpasser mes concurrens. Cette émulation, qui tend sans cesse à perfectionner, est aussi utile à la société qu'à ceux qu'elle anime.

26. D. Qu'opposez-vous à la cupidité ?

R. La modération des désirs, qui, jointe à l'activité calme et prudente, conduit à l'aisance, sans les tourmens qu'entraîne l'ambition exagérée des fous qui se tuent pour vivre, ou se ruinent pour avoir voulu devenir riches trop rapidement.

27. D. Des meurtres analogues à celui d'Hiram, se trouvent-ils dans d'autres institutions mystérieuses ?

R. Il y en a dans presque toutes, anciennes et modernes; et comme elles ont pour base le cours du soleil, tous ces meurtres, ou disparitions momentanées, paraissent être le symbole de l'astre qui revient vivifier l'hémisphère qu'il avait pour ainsi dire abandonné dans les mois précédens. (Voir les développ.·.)

Le fiel rouille ses dents; son œil est faux et louche;
Le venin de son cœur distille de sa bouche.
Triste de notre joie, elle ne rit jamais
Que des maux qu'elle a vus, ou de ceux qu'elle a faits.
Et la nuit et le jour, un soin rongeur l'éveille;
La voix de la louange afflige son oreille. ·
Son supplice est de voir la gloire des talens :
Elle sèche et périt de leurs succès brillans,
Veut leur nuire, et se nuit....

Portrait de l'Envie, SAINT-ANGE, *traduct. d'Ovide.*

28. D. Comment expliquez-vous dans ce gr.·. la lettre G de l'ét.·. flamb.·., qui brille à l'Or.·. comme dans le gr.·. de Comp.·. ?

R. Par le mot *génie*, qui est aussi une émanation de la divinité.

29. D. Où travaillent les MM.·. ?

R. *A tous les côtés du triangle* * (toutes les parties de la L.·.), c.·. à d.·., que partout où ils portent leurs pas, ils doivent répandre la lumière et les bienfaits. La même leçon est donnée par les voyages que font vers les quatre points cardinaux, les MM.·. chargés de chercher Hiram.

30. D. Sur quoi travaille le M.·. ?

R. *Sur la pierre cubique* (sans pointe), qui présentant ses six faces parfaitement semblables, est l'emblème de l'un des premiers attributs de la perfection morale, de l'égalité d'ame, de caractère et de conduite, et nous avertit d'être toujours les mêmes dans la vie privée comme dans la vie sociale, dans la prospérité comme dans l'adversité, des hommes aussi estimables par leur probité sévère et par la pureté de leurs mœurs, qu'aimables par leur bonté, leur douceur et leur affabilité, des hommes forts pour le bien, forts contre le mal.

31. D. Sur quoi le M.·. travaille-t-il encore ?

R. *Sur la pl.·. à tracer*, c.·. à d.·. qu'il doit dresser des plans aussi parfaits qu'il lui est possible, pour donner à ses FF.·. des instructions et des avis utiles, pour échauffer leurs cœurs de l'amour du beau moral et de la vérité.

32. D. Quels devoirs lui impose son titre de M.·. à l'égard de la Maçonn.·. et de sa L.·. ?

---

* Une L.·. à la forme d'un quadrilatère; mais dans le langage maç.·. on la considère comme un triangle, formé par une ligne tirée du 1er au 2e surv.·., et de deux autres lignes allant de chacun de ceux-ci jusqu'au Vén.·.

R. De redoubler de zèle pour les intérêts de notre Ordre, de chercher à lui procurer de dignes soutiens, d'instruire les App∴ et les Comp∴, de ranimer leur ardeur si elle se refroidissait, de les rappeler à l'esprit de paix, de concorde et de fraternité s'ils s'en écartaient.

33. D. Si un M∴ était perdu, où le retrouverait-on?

R. *Entre l'équerre et le compas*, emblèmes de la sagesse et de la justice, qui caractérisent le vrai M∴.

34. D. Quel âge avez-vous comme M∴?

R. *ans* *. (Voir fin de la p. 156.)

35. D. Quel est le bijou de la maîtrise ?

R. Un triangle d'or, ayant au centre le nom de JÉHOVAH, ancien mot sacré du M∴, qui ne doit jamais perdre de vue les enseignemens dont ces deux signes sont les emblèmes (p. 23). Salomon fit incruster ce triangle et ce nom sur le tombeau d'Hiram, et ordonna qu'on substituerait aux anciens, les mots, s∴ et att∴ dont étaient convenus les neuf M∴ qui étaient allés à sa recherche.

36. D. Comment relève-t-on Hiram?

R. Après deux essais infructueux des deux Surv∴ par les attouch∴ d'App∴ et de Comp∴, le T∴ R∴ le relève avec leur aide, par ce qu'on appelle les *cinq points parfaits* de la Maçon∴, comme étant le symbole très expressif de la charité ardente, du zèle à s'aider réciproquement, et de l'union intime qui doivent régner entre les FF∴ : 1° pied contre pied ; 2° genou contre

---

* On ajoute ordinairement *et plus*. Cette addition peut se faire dans un rit qui ne reconnaît que trois g∴ ; mais non dans celui qui en a de supérieurs, où l'on indique un âge plus avancé.

genou; 3° jonction des deux mains droites par la grippe; 4° sein contre sein; 5° la main gauche d'abord sur le dos, pour relever le représentant d'Hiram, puis sur l'épaule pour le soutenir. Ravi d'avoir retrouvé un F.·., le T.·. R.·. lui donne le baiser de paix.

37. D. Veuillez expliquer chacun de ces signes.

R. Le premier indique que nous sommes toujours prêts à marcher pour secourir nos FF.·., ou pour leur être utiles; le second, que nous leur tendons la main dans le même but; le troisième, que nous nous abaissons pour eux à des démarches qu'un noble orgueil nous empêcherait de faire pour nous-mêmes; le quatrième, que deux cœurs de M.·. sont tellement unis qu'ils n'en font qu'un, et qu'en véritables amis, ils se donnent réciproquement des conseils dictés par la sagesse et la franchise; le cinquième, que nous les soutenons dans leurs périls, dans leur infortune, dans leurs infirmités physiques, et aussi dans leurs faiblesses morales, en tâchant de les ramener à la raison s'ils s'en écartent; enfin le baiser de paix marque la douceur, la tendre et sincère affection qui caractérisent les relations des M.·. entr'eux, et qui sont l'essence de la Maçonn.·., *science pratique de l'amitié et du bon cœur.*

38. D. Quel avertissement donne la couleur du cordon de M.·.?

R. *Celui d'être dans nos sentimens et dans notre conduite, aussi purs que l'azur des cieux.*

39. D. Que signifie la branche d'acacia placée sur le tombeau d'Hiram?

R. Cette branche, verdoyante au sein de la mort, est l'emblème du zèle ardent que le M.·. doit avoir pour la vérité, au milieu des hommes corrompus qui la trahissent, et sans lequel on ne mérite pas d'être admis dans son sanctuaire. Il y avait des emblèmes analogues dans les mystères anciens, le myrthe à Eleusis, le lotus en Egypte; le rameau d'or était nécessaire au fils d'Anchise pour parvenir vivant au séjour de l'Elysée.

40. D. Quel est le sens allégorique du soin que prit Salomon pour trouver les Comp∴ coupables?

R. Il nous avertit de mettre le même soin à vaincre et à terrasser nos mauvaises passions, qui donnent la mort à l'ame.

41. D. Que devons-nous conclure du lieu retiré où l'on trouva ces Comp∴ ?

R. Le coupable se cache, mais le remords le suit dans la retraite la plus profonde. Là, dans la solitude, ils ne purent étouffer le cri de la conscience, et se livrèrent à de tardifs regrets. Nous aussi, sans avoir de crimes à nous reprocher, fuyons quelquefois le tumulte, et recueillons-nous en nous-mêmes pour réfléchir sur nos défauts, et nous en corriger. C'est dans la solitude que l'homme s'éclaire et entend mieux la voix de la vérité. C'est dans la paisible retraite des penseurs, que la vérité est sortie radieuse pour changer le monde, semblable au diamant, qui brille de la lumière la plus pure, après s'être formé dans les sombres entrailles de la terre.

42. D. Outre l'immortalité, dont la résurrection d'Hiram est l'emblème, ne voyez-vous pas encore un symbole moral dans le fait qu'il s'est relevé plein de force, quoique déjà *la chair quittât les os?*

R. Un revers peut nous abattre un instant; mais la mauvaise fortune doit bientôt nous retrouver debout, et plus forts qu'elle. Un autre mal plus à craindre que les coups du sort, c'est le vice. Celui qui a eu le malheur de s'y laisser

8.

entraîner, peut encore reprendre sa dignité d'homme, par le repentir, et par un retour sincère à la vertu.

AU 1er SURV∴.

43. D. T∴ V∴ 1er S∴, à quoi reconnaîtrai-je que vous êtes M∴?

R. *A mes mots s∴. et att∴.*

44. D. Donnez-moi le signe au rit Français.

R. Placer le pouce..... La première partie est le signe d'ordre.

45. D. L'attouch∴.? — R. Se prendre.

46. D. Le mot sacré avec sa signification?—R.

47. D. Le mot de passe, avec sa signif.?—R.

48. D. La batterie? — R.

49. D. La marche? — R.

AU 2e SURV∴.

Répéter la Q∴. 43. — Même réponse.

50. D. T∴ V∴ Sec∴ Surv∴, donnez-moi le premier s∴, celui d'ordre. — R.

51. D. Le second signe? — R.

52. D. Le signe de détresse? — R.

53. D. L'attouch∴.? — R.

54. D. Le mot sacré, et sa signif∴.? — R.

55. D. Le mot de passe? — R.

56. D. La batterie? — R.

57. D. La marche? — R. La même qu'au rit Franç∴.

Questions fondamentales à faire sur le 3e gr∴.

1, 29, 30, 31, 33, 34, 38, 43 et suiv∴. sur les mots, sig., etc. On doit répondre par le texte littéral, qui est très court, et donner le sens des explications quand il y en a. Etre prêt aussi à donner le sens des principaux emblèmes.

CHAPITRE VIII.

INITIATION AU G∴ DE MAITRE.

§ I. *Caractères et spécialités de ce gr∴*

AVIS. Les divers trav∴ d'un atel∴ qui ne se réunit qu'une ou deux fois par mois pendant quelques heures, laissent peu de temps aux instructions directes. C'est ce qui a rendu nécessaires les catéchismes, qui offrent la substance et le résumé des doctrines de chaque grade. Mais ces abrégés ont besoin d'être développés de temps en temps, et surtout dans les réceptions, par des instructions raisonnées et plus complètes. Tel est le but des chapitres qui suivent les catéchismes. L'enseignement sommaire et celui qui est plus étendu roulant sur les mêmes objets, on doit s'attendre à des répétitions. Nous ne pouvons les éviter entièrement ; mais nous en varions la forme autant qu'il nous est possible, ou nous disons dans l'un, sur un même sujet, ce que nous omettons dans l'autre. Au reste, l'un et l'autre sont bons à consulter, parce qu'il y a des parties qui sont traitées dans le catéchisme, et ne le sont pas dans les considérations générales, et réciproquement.

Si le 2e G∴ est riche en emblèmes matériels, qui ont chacun une application particulière, le 3e, par suite du grand fait allégorique qui en est la partie dominante et presque exclusive, n'est pas moins fécond en enseignemens généraux, propres à faire un homme d'une moralité sûre, un homme supérieur, un vrai F.-Maçon. Nous devons faire tous nos efforts pour n'en omettre aucun, afin que les RR∴ MM∴ qui confèrent ce beau gr∴, et les Orateurs, puissent choisir ceux qu'ils jugeront les plus convenables, et les développer plus ou moins, suivant les circonstances, suivant le caractère ou le degré d'instruction des récipiendaires. Cette considération, jointe à l'importance et au nombre de ces enseignemens, nous oblige à des développemens de quelque étendue. .

C'est par vanité, suivant quelques auteurs, que les Fr∴ Maç∴ font remonter leur origine aux anciennes initiations : ils viennent d'une de ces corporations de métiers, qui ont été en si grand nombre dans les siècles précédens; celle des Maçons constructeurs a survécu aux autres, parce qu'ils avaient à s'occuper de trav∴ qui exigeaient plus d'instruction, plus d'ensemble. Pour élever de grands édifices religieux, des châteaux, etc., ils avaient plus besoin de s'associer, de s'entendre, de former entr'eux des espèces d'écoles d'enseignement mutuel, que des tailleurs, des cordonniers, et autres, qui travaillent isolément.

Le fait peut être vrai, mais la conclusion qu'on en tire, est fausse. Les Fr∴ Maç∴ n'en ont pas moins aujourd'hui le droit de placer leur berceau dans les souterrains de l'antique initiation. La société des constructeurs s'étant perpétuée, tandis que les autres se sont éteintes, a fini par admettre dans son sein des hommes étrangers à l'art de bâtir. Lorsque ces nouveaux adeptes ont été en majorité, ils ont conservé les formes, mais ont changé le fond. L'architecture n'a plus été qu'un symbole; ou a fait une Fr∴-Maçonn∴, d'abord sur différens systèmes erronés, tels que l'hermétisme, la pierre philosophale, l'alchimie, et autres, en y joignant des principes religieux et moraux, puis exclusivement religieuse, morale et philosophique, lorsque le progrès des lumières a ouvert les yeux sur la folie des premiers systèmes. On a suivi pour les réceptions, la doctrine des anciens initiés, on a imité leurs formes autant qu'on l'a pu. On est donc fondé à s'en dire les successeurs.

Le 3ᵉ gr∴ a-t-il, comme les deux premiers, de l'analogie avec les mystères de l'antiquité? Cette question n'est pas facile à résoudre. Malgré quelques assertions contraires, les auteurs les plus graves, et qui ont le plus approfondi l'histoire des initiations, s'accordent à dire que les anciens ne communiquaient les grands mystères qu'à ceux qui étaient destinés au sacerdoce, et non aux étrangers, par lesquels seuls nous avons eu quelques renseignemens sur la première initiation, et sur son complément, dont nous avons fait le 2° grade. Remarquez bien que là, comme dans nos Temples, on ne révélait dans ces deux gr.·., aucun secret réel à l'initié, sauf, peut-être, qu'on lui donnait à deviner plutôt qu'on ne lui déclarait explicitement, celui de la théologie naturelle, opposée aux superstitions qui régnaient parmi la multitude. On se contentait de l'éprouver, et de lui recommander l'accomplissement rigoureux de ses devoirs. L'étranger n'allait pas plus loin, et pour celui qui ne l'était pas, les longues et rudes épreuves qu'il subissait, faisaient juger s'il était digne d'être admis aux *grands mystères*. Ceux-ci étaient sans doute, comme, depuis, chez les Jésuites, divisés en plusieurs classes; car il y avait plusieurs ordres de prêtres, et l'on ne confiait les secrets que suivant l'importance des fonctions que chaque ordre avait à remplir. C'est ce qui a pu autoriser les Maç.·. à ajouter plus ou moins de gr.·. aux trois premiers.

Si, pour le 3°, on n'a pu emprunter les formes des anciens, faute de les connaître, on semble du moins avoir voulu imiter le mythe d'Osiris, d'Isis et du meurtrier Typhon, comme nous l'expliquons ci-après.

Ce qui est plus important qu'une question de pure érudition, c'est que la maîtrise est éminemment conforme à l'esprit des anciens mystères, petits ou grands, qui fut, ainsi que le prouve dans son savant ouvrage sur la Fr.·.-Maçonn.·., l'habile et infatigable fondateur et administra-

teur du Musée des monumens français, le F.·.
Lenoir, de *lier le grand œuvre de la nature à des
idées morales,* d'où il suit que c'est principalement
à cette classe d'idées que les Maç.·. doivent s'attacher dans leurs recherches et dans leurs travaux (p. VII et 76.)

Premiers enseignemens de la Maîtrise.

Nous avons posé un principe autrefois contesté
dans quelques LL.·., et surtout dans quelques
chapitres *, mais qui ne peut plus l'être au 19ᵉ
siècle, c'est que la Maçonn.·. étant essentielle-
ment destinée à réunir sous sa pacifique ban-
nière tous les membres de la famille humaine,
chacun de ses gr.·. doit avoir un caractère tel
qu'il puisse être accepté par tout homme sincè-
rement attaché au culte dans lequel il a été
élevé. C'est évidemment le mérite des deux premiers, auxquels il faudrait borner la Maçonn.·.
si l'on ne pouvait donner le même caractère aux
autres. Ils sont basés sur des principes de religion et de philosophie si universels, qu'ils pour-
raient presque être conférés dans une société
non mystérieuse, et qui n'aurait pour objet que
la morale. Aussi, à quelques nuances près, sont-
ils pratiqués de la même manière dans tous les
rites. La plupart de leurs emblèmes sont connus
dans la vie civile, où ils sont expliqués comme
dans nos Temples. Ne dit-on pas d'un homme
qui est exact, qu'il agit avec compas et mesure ?
Qui ne sait que le niveau est le signe de l'éga-

---

* On y a discuté sérieusement si un Israélite peut être
admis à nos mystères. La négative, le doute seul, serait
le renversement de la doctrine fondamentale de la Maçonn.·. dans ce que sa mission a de plus beau, de plus
utile, de plus humanitaire (p. 11).

lité ? A-t-on rien dit en Maçonn∴ de plus beau
et de plus juste que ce que nous avons cité p. 112,
sur la Géométrie intellectuelle ? Notre triangle
lumineux avec le Jéhovah n'est-il pas dans beaucoup d'églises chrétiennes ? Les deux seuls emblèmes qui inspireraient peut-être quelque répu-
gnance au brachmane de l'Inde, au disciple de
Confucius, à d'autres qui ne connaissent pas la
Bible, ou qui la rejettent comme mêlant à de
bons préceptes un alliage qu'ils désapprouvent,
seraient Salomon et son Temple. Mais ils les
admettront volontiers, lorsqu'on leur aura dit
que laissant à chacun la liberté de son opinion
sur ces objets considérés historiquement, nous
ne les leur présentons que comme les symboles
d'une grande idée morale.

Sans doute, il serait mieux que la Maçonn∴
n'eût fait aucun emprunt à des cultes particuliers, quels qu'ils fussent, et que dès l'origine,
ses moyens d'enseignement eussent été pris dans
la nature, et dans la civilisation générale, comme
elle a puisé ses principes dans l'une et dans l'autre. Tel gr∴ semble consacré à des disciples de
Moïse, tel autre à un système chrétien, et si exclusivement, que des Israélites, ou des chrétiens
d'un autre système, ne veulent pas s'y présenter,
d'autres à des Templiers. Malgré notre profession
de foi sur le danger de changer cette organisation (p. 133), nous n'hésiterions pas à voter pour
la suppression, ou la refonte complète de ces
gr∴, si l'on ne pouvait les ramener à une doctrine universelle. Cela nous paraît facile sans
changer les rituels *. Il ne faut que modifier cer-

* Ce serait une entreprise hasardeuse si elle était faite
officiellement. Chaque pays ayant son corps Maçonn∴

taines formes, et quand au fond, n'offrir aucun fait ou dogme particulier comme article de croyance, mais seulement comme symbole.

Telle a été certainement l'intention des instituteurs de la Maç∴; car, s'ils avaient voulu qu'on prît à la lettre ce qui n'est qu'allégorique, il y aurait dans l'ensemble des gr∴, une anomalie qu'on ne peut attribuer à des hommes de bon sens. La Maç∴ ne conviendrait qu'à une partie des habitans de la terre, et dans cette partie elle-même, il y en aurait qui accepteraient certains gr∴, et en rejeteraient d'autres. Dans la nécessité de bien cacher leur but, nos fondateurs n'ont-ils pas voulu au contraire apprendre à tous les Maç∴, à quelque secte religieuse qu'ils appartiennent, que non seulement ils sont d'accord sur les principes fondamentaux de tous les systèmes religieux, mais que par l'interprétation allégorique, ils peuvent s'accorder même sur les dogmes particuliers qui divisent les sectes. La doctrine allégorique est très ancienne. Elle existait parmi les sages, bien avant le christianisme, et dès l'origine du culte chrétien, elle était fort répandue, même parmi des pères de l'église. Elle l'est encore plus aujourd'hui, que c'est la mode dans un certain monde, de considérer le

---

constituant, quelques-unes même en ayant plusieurs, si un de ces corps changeait le rituel d'un rit, les autres corps qui l'administrent, accuseraient le novateur d'avoir dénaturé la Maçonn∴, et il pourrait en résulter des schismes. Ce reproche a été fait au G∴ O∴ de Fr∴, pour avoir beaucoup adouci, avec raison suivant nous, le 30° gr∴. Mais les atel∴, dans leur intérieur, peuvent, en conservant la doctrine, modifier les formes, et il n'y en a aucun qui ne le fasse, ne fût-ce que pour varier le mode des réceptions.

culte et ses mystères comme une poésie. Cette doctrine amènera en fait de religion, un traité de paix générale.

C'est à partir du 3⁴ gr.·. qu'il faut s'y attacher ; car là surtout commence le système mystérieux, mystique même, qui se montre à peine dans les deux premiers. Il y a là un drame, moitié lugubre, moitié brillant. Si on le prend à la lettre, il offre des invraisemblances choquantes, il est contraire aux lois naturelles, à la raison, comme le sont beaucoup de dogmes, dénués de sens en apparence, mais très raisonnables, très poétiques si l'on veut, pour celui qui sait les interpréter. C'est un grand malheur sans doute pour les classes ignorantes, qui commencent par tomber dans la superstition, et finissent par perdre toute foi religieuse (p. 153 et 154) *. Elles s'éclaireront avec le temps, et reconnaîtront que ces dogmes ne sont pas des mensonges, mais des symboles de vérités utiles. La Maç.·., en progageant la doctrine allégorique, préférable à des disputes, à des persécutions pour des théories mystérieuses, qui n'étaient comprises ni par les bourreaux ni par les victimes, contribuera beaucoup à rendre cet important service à la société. Le drame de la maîtrise, ainsi considéré, recèle des enseignemens qui complètent ceux des deux premiers, quant aux idées morales nécessaires pour diriger dans leur conduite, la généralité des hommes, qui tous ont besoin des principes sim-

---

* C'est une mauvaise politique, a dit un philosophe du 18ᵉ siècle, de vouloir gouverner les hommes par des fictions ; car tôt ou tard les yeux s'ouvrent, et l'on déteste d'autant plus les erreurs dans lesquelles on a été nourri, qu'on y a été asservi davantage.

9

ples et clairs de la philosophie pratique, et dont
un petit nombre s'élève et peut s'élever à l'étude
de la philosophie spéculative.

L'initié, renaissant à une vie nouvelle, a
reconnu que beaucoup de prof∴, et lui-même
peut-être, se sont laissé entraîner à l'une de ces
deux erreurs opposées :

Ou le *défaut de foi*, qui réduit l'homme à la
vie matérielle, le laisse sans frein et sans raison
dans les jouissances physiques, sans consolation
et sans espoir dans le malheur, et ne lui montre
d'autre porte pour en sortir, que le crime ou le
suicide;

Ou une *foi superstitieuse et aveugle*, qui rape-
tisse et obscurcit l'intelligence de l'homme, en
fait une machine inutile à lui-même et aux
autres.

Il a librement adopté la *foi éclairée* que l'initiation lui présente, cette foi simple et raisonnée,
qui lui fait connaître ses rapports avec son auteur
et avec ses semblables, lui donne le sentiment
de sa dignité, l'encourage à de bonnes œuvres,
à la pratique de toutes les vertus publiques et
privées.

Il s'est réconcilié avec toutes les institutions
religieuses, en n'y voyant que ce qu'elles ont de
bon et d'utile à la moralité humaine; il les tolé-
rera toutes; il fera plus : il les respectera (p.
153), disposé à interpréter comme des symboles
ce que jusqu'alors il avait regardé comme des
rêveries contraires à la raison; ou, s'il ne peut les
interpréter d'une manière qui le satisfasse, il
s'inquiétera peu de questions métaphysiques qui
sont franchement présentées comme incompré-
hensibles, puisqu'on les appelle des mystères. Il
reconnaîtra que la religion, *toute la religion,*

comme le dit expressément l'Evangile, consiste
à rendre à Dieu, son auteur et son bienfaiteur,
l'hommage d'un cœur reconnaissant, à aimer
son prochain, à être homme de bien et chari-
table, préceptes clairs, et que tous les habitans
de la terre, lettrés et non lettrés, comprennent
parfaitement, préceptes auprès desquels des
mystères ne sont qu'un accessoire assez indif-
férent; car, leur sens étant caché, ils ne peuvent
contribuer à la perfection morale, qui doit être
le seul but des institutions religieuses (B).

Il a appris ce qu'il est, d'où il vient, où il
retournera, pourquoi il a été placé quelques
instans sur cette terre (p. 30 et 31, 145 et suiv.).

Cette destination du perfectionnement individuel et social, il la remplit par le travail, le
zèle et la prudence (p. 146 et suiv.).

Pour être tout-à-fait fidèle à sa noble mission,
il a combattu, il a vaincu les passions qui l'en
auraient détourné; il s'est procuré la satisfaction
d'une vie sans reproche, le plaisir divin de sou-
lager le malheur autant qu'il lui a été possible,
d'aider ses proches, ses amis, ses voisins, tous
ceux auxquels il a pu rendre de grands ou de
petits services; il a joui de l'amour de tous,
parce que lui-même les a tous aimés; il a mérité
leur estime et la sienne propre.

Voilà une vie sagement et utilement employée,
utilement pour lui, pour la patrie, pour l'humanité entière, qui profite des travaux et des
bonnes œuvres de chacun.

Mais cette belle et heureuse existence ne peut
être éternelle. Vient le moment où son poste
doit être rempli par d'autres qui sont nés après
lui. Il ne quittera pas ce poste avant le rappel;
il ne désirera pas être rappelé avant le temps;

mais quand l'heure sonnera, il sera calme et résigné ; il sortira de la vie avec la douce consolation d'avoir fait son devoir, avec la confiance assurée de retourner au sein de son auteur.

Ce calme et cette résignation lui seront inspirés par le spectacle de la mort d'un juste, qui l'a courageusement affrontée plutôt que de trahir son devoir. Cette mort violente, résultat d'un crime atroce, lui apprend à quel excès peuvent entraîner les passions qu'on n'étouffe pas dès qu'elles commencent à naître, et particulièrement l'orgueil, l'envie et la cupidité. C'est pour ne pas attendre qu'ils aient mérité par leur application et leur habileté, d'être élevés à la maîtrise, que trois Comp.·., nourrissant dans leur cœur un orgueil insensé, une basse jalousie, une cupidité qui ne l'est pas moins, finissent par être asservis à ces passions, au point de ne pas reculer devant un horrible assassinat. Funeste effet des mauvais penchans, qui aveuglent l'esprit, endurcissent et corrompent le cœur, et dont on n'est plus le maître quand on leur a laissé prendre de la force.

Nous avons vu (p. 84) que ce qui caractérisait principalement l'initié des anciens mystères, c'était le dévouement à son devoir. Dans notre maîtrise, le précepte est converti en exemple.

La mort, l'immortalité, le mal.

Dans toutes les initiations se trouve un personnage innocent arraché à la vie d'une manière barbare. Elles semblent avoir voulu nous familiariser avec la mort. Elle est en effet une grande leçon pour les vivans, et il est bon qu'ils en aient souvent l'image devant les yeux. Elle leur apprend à estimer à leur juste valeur les

vanités de la vie, à s'attacher aux biens so-
lides, à la paix de la conscience, à la noble indépendance, à l'activité dans les travaux, sans
les tourmens de l'ambition et de la cupidité.

Précieuse faculté de prévoir la mort ! de tous
les êtres qui vivent sur la terre, l'homme seul a
reçu de la divinité cette prévoyance, et de ce
privilége résultent, comme de tant d'autres attributs, sa supériorité, son immortalité. Pourquoi
Dieu, qui n'a rien fait en vain, nous aurait-il
donné, à nous seuls, de savoir que nous mour-
rons, si nous devons mourir tout entiers ? Ce serait un présent funeste, dont l'idée ne peut se
concilier avec celle de la bonté par excellence ;
et le bœuf, qui paît et rumine tranquillement,
puis est frappé d'un coup inattendu, serait en
cela plus favorisé que nous. Homme faible ! tu
te plains de mourir à chaque instant par la prévision et la crainte de la mort. Abjure toute
crainte, et garde ta prévision. Par cela seul que
tu sais d'avance que tu dois mourir, tu es averti
que ta condition est bien au-dessus de celle des
animaux, qui ne le savent pas ; que ta vie mor-
telle n'est qu'une faible partie de ton existence,
qu'elle est une préparation à une vie meilleure.
Que tes actions soient dignes de tes hautes des-
tinées : tu envisageras la mort sans effroi, et
quand elle arrivera, tu ne te plaindras pas de la
brièveté de ton passage sur la terre.

Qu'a-t-elle donc de si terrible ? La nature
bienveillante a tout fait pour nous la rendre
douce : elle nous berce d'espérances jusqu'au
dénouement ; dans presque toutes nos maladies
qui se terminent par la mort, elle nous ôte, par
l'épuisement de nos forces, le sentiment de nos
dernières souffrances et de notre fin. Mais nous,

ingénieux à nous tourmenter, nous avons donné
à une abstraction négative la forme d'un spectre
hideux, nous avons armé d'une faux le monstre
imaginaire; nous avons la faiblesse de confondre
l'idée de notre délivrance des liens du corps avec
celle d'une fosse, d'un appareil lugubre, qui pour-
tant alors nous seront tout-à-fait étrangers. Puisque nous voulons tout figurer par des images
sensibles, même les idées les plus abstraites, ne
devrions-nous pas plutôt représenter la mort
sous celle d'une mère qui endort ses enfants ?
Ah ! si la mort est effrayante, ce n'est pas pour
nous, c'est seulement pour ceux qui nous sur-
vivent, qui nous chérissent, à qui nous avons été
utiles, auxquels nous pourrions l'être encore.

Hiram, dont la substance corporelle est déjà
en décomposition, se relève plein de force.
Certes, on n'a pas voulu nous donner cette fiction comme une réalité. C'est donc un symbole,
et un noble symbole, répondant bien à la dignité de la nature humaine : c'est celui de l'*Immortalité* (Q.·. 17, p. 165), grande et salutaire
pensée, qui nous rappelle que cette vie n'est
qu'un voyage qui a son but, un temps d'é-
preuves, une mission qui nous est momentané-
ment confiée pour que nous méritions par nos
œuvres une vie meilleure, qui sera sans trouble
et sans fin. Que sont donc quelques accidens,
que sont quelques années de plus ou de moins
d'une vie si courte, et souvent si agitée, auprès de
la durée de notre seconde existence ? Il y a dans
ce monde des maux pour les individus, des dé-
sastres qui en frappent quelquefois un grand
nombre (Q.·. 21, p. 166); mais ces maux, ces dé-
sastres, proviennent, les uns, de nos fautes et de
nos imprudences, les autres des lois de la nature,

qui veille surtout à l'ensemble. Ce qui nous paraît des désordres, est une condition nécessaire de la conservation et du rajeunissement de cet ensemble. Malgré l'importance que nous mettons à notre individualité par un heureux instinct de notre conservation, n'oublions pas que cette individualité n'est rien relativement à cette immense unité qui s'appelle l'univers, et dont chacun de nous n'est qu'une partie imperceptible.

Dans les anciens mystères, l'initiation elle-même était un symbole de l'immortalité. Les difficultés, les dangers, les privations, les ténèbres, des lieux remplis d'horreur et d'effroi, étaient l'image de la vie terrestre ; la pompe, l'éclat, les chants de musique, des spectacles enchanteurs, un séjour délicieux, qui succédaient aux épreuves, étaient l'image de la seconde existence. Aussi *mourir* et *être initié* s'exprimaient par des termes semblables. Être initié, c'était mourir allégoriquement à la vie prof∴ pour en commencer une plus raisonnable et plus pure ; mourir réellement, c'était entrer dans la vie immortelle.

L'immortalité est acquise aussi à l'univers, au genre humain tant que subsistera le globe qu'il habite. Il y a là mort et naissance. Les générations se succèdent, des continens sont engloutis, d'autres s'élèvent au dessus de eaux. Des soleils pâlissent ou s'éteignent, d'autres brillent dans l'espace. Des planètes sont ou peuvent être brisées, noyées ou brûlées par le choc ou l'approche d'autres corps ; le G∴ A∴ les remplace en lançant dans une orbite régulière, pour en faire des mondes habitables, ces astres excentriques, dits comètes, fourmillières de mondes nouveaux, peut-être alimens des soleils. Qui peut dire les moyens qu'a la toute-puissance pour rajeunir la nature ? Il ne lui en coûte certainement pas plus de produire des mondes que l'insecte imperceptible. Rien dans ce vaste univers ne garde éternellement sa forme ; mais le grand tout se perpétue par l'anéantissement apparent et par la régénération. Les anciens ont exprimé ce fait par plusieurs symboles, et particulièrement par celui du phénix, qui renaît de ses cendres.

Horreur du crime, remords.

Quinze compagnons étaient entrés dans le complot aussi insensé que criminel : douze d'entr'eux y renoncèrent. Heureux celui à qui la seule pensée d'une mauvaise action inspire une juste horreur ! L'homme qui ne rejette pas à l'instant cette première pensée, est déjà coupable, et bientôt le crime médité recevra son exécution.

Les trois compagnons assassins s'étaient cachés dans le creux d'un rocher. Un des maîtres qui étaient allés à la recherche d'Hiram, s'étant reposé près de l'ouverture, entendit la douloureuse expression des regrets et du repentir. Les gémissemens de celui qui avait porté le coup mortel, étaient encore plus lamentables. Chacun des coupables souhaitait d'avoir péri par la mort la plus affreuse, plutôt que d'avoir commis un pareil attentat. De-là résulte un double enseignement : c'est que les reproches de la conscience sont les premiers vengeurs du crime (Q∴ 41, p. 173), et que les retraites les plus profondes le dérobent rarement à la vengeance des lois.

Voilà les premières et les plus directes considérations morales que présentent la mort et la

résurrection de l'Archit.·. du Temple. Passons à
d'autres qui tiennent moins à la pratique qu'à
des théories qui ont leur intérêt et leur utilité.

Considérations d'un autre ordre.

·Sous le rapport astronomique, Hiram est l'emblème du soleil. Le mot HIRAM marque l'éléva-
tion, et de là est venu celui de *pyramide*, en y
ajoutant l'article orientale *p*. (Court de Gébelin,
monde primitif). Hiram-Abi signifie *père élevé* ;
Adonhiram présente à peu-près le même sens,
Adon, d'où l'on a fait *Adonaï*, signifiant *Seigneur*.
Comme la reconnaissance pour l'heureuse influence de l'astre vivifiant est la base générale
des cultes anciens et modernes, soit directement,
soit indirectement sous des formes symboliques,
l'Arch.·. du T.·. est le représentant du soleil, et
pour ceux qui remontent jusqu'à son auteur, de
Dieu lui-même, de Jéhovah, nom que l'on donnait au Grand-Être, et au soleil, qui en est
l'image sensible.

La mort d'Hiram est donc comme celle d'O-
siris, d'Iacchus *, d'Adonis, d'Hercule, de Mithra,

---

* Iacchus, fils de Cérès, accompagna sa mère dans ses
voyages. Chargé par elle d'instruire le monde, il fut sur-
pris par les Titans, qui le mirent en pièces. Cérès cher-
cha longtemps le corps de son fils, le découvrit, l'enveloppa de branches de myrthe, et le rendit bientôt à la vie.
On sait qu'Osiris en Egypte tomba sous les coups de son
frère Typhon, qui dispersa ses membres. Isis les retrouva,
et les enveloppa dans les branches du lothus. Isis était
la femme d'Osiris ; elle figurait la terre, que les poëtes
considéraient comme l'épouse du Soleil. C'est en effet cet
astre qui la féconde.

Les initiés de Samothrace déploraient la mort du plus
jeune des Cabires, assassiné par ses frères. Dans l'Inde,
Chiven tranche la tête à Vinaguyen, et le rend plus tard à

et de bien d'autres, le symbole de la marche
apparente du soleil, qui s'abaissant vers l'hémisphère austral, est dit figurément vaincu et mis
à mort par les ténèbres, représentées, par suite de
la même allégorie, comme le génie du mal. Mais
il revient vers notre hémisphère : alors il est
vainqueur, il est censé ressusciter. Aussi, dans
les trav.˙. de M.˙., le représentant d'Hiram se
relève glorieux, et ces trav.˙., qui avaient commencé d'une manière lugubre, finissent par un
appareil d'éclat, et par des acclamations de
triomphe et de joie.

Cette explication simple étant admise comme
elle l'est généralement, comme elle est dans l'esprit de la Maçonn.˙., qui célèbre avec solennité
les deux solstices, il suit que la mort et la résurrection d'Hiram figurent aussi les vicissitudes du
jour et de la nuit ; la mort, qui est une nécessité
de la vie, et la vie, qui naît de la mort ; le com-
bat des deux principes, que l'on retrouve partout
sous des noms différens, de Typhon contre Osiris,
de Junon contre Hercule, des Titans contre Ju-
piter, des anges rebelles contre Dieu, d'Oromase
contre Arimane, des mauvais génies opposés aux
bons par les Indiens, les Egyptiens, les Grecs,
les Romains, les Péruviens, et par la plupart des
peuples plus ou moins avancés en civilisation :
grand problème, qui a beaucoup embarrassé la
philosophie incertaine et la religion peu éclairée, a soulevé des controverses sans nombre, et
a donné naissance à des contes bien noirs et
bien effrayans, mais que l'homme de bon sens

---

la vie. Ces emblèmes funèbres se retrouvent jusqu'au
fond du nord, dans les mystères Runiques. La fiction
d'Hiram en est l'imitation.

résoud avec autant de facilité que de bonheur, en faisant triompher dans sa conduite le bon principe sur le mauvais. Quant à l'existence de ces deux principes, non pas hors de nous, mais dans nous (p. 145), car le seul mal réel, ou du moins le plus grand, est le mal moral, celui qui vient de nous-mêmes, il faut en remercier le G∴ A∴, au lieu de l'en accuser. C'est un des caractères par lesquels il a distingué l'homme des autres animaux. Il n'a pas voulu le borner à l'instinct de ceux-ci : il lui a donné la faculté et la liberté d'opter entre le bien et le mal, pour qu'il fût un être moral et intelligent, qu'il culti-vât sa raison, qu'il réprimât ses mauvais pen-chans, qu'il fortifiât ses bonnes inclinations, et qu'il jouît ainsi du plus grand de tous les plaisirs réservés à un être de son espèce, celui d'avoir la conscience de sa propre dignité, l'estime de lui-même et de ses semblables, et l'approbation de son auteur.

D'autres interprétations analogues sont natu-rellement amenées par ces premières déductions. Les deux phases tranchées de la maîtrise, mort et résurrection, sont le symbole dans lequel roule et roulera toujours ce monde sublunaire, bien et mal, mal et bien, rénovation perpétuelle. A des jours malheureux succèdent des jours prospères : considération qu'on ne doit jamais perdre de vue pour se garantir de cette sombre et déplorable ma-ladie qui conduit au suicide les esprits faibles et les imaginations exaltées. La vie est un vase à deux anses, qui penche, tantôt d'un côté pour verser les biens, tantôt de l'autre pour épancher les maux. Le courage et la constance diminuent ceux-ci au profit de ceux-là, et souvent le mal-heur lui-même est un bien : il fortifie l'âme qui a su résister au premier choc; il la réveille de l'indolence dans laquelle une longue prospérité l'avait endormie; il inspire à celui qui ne se laisse pas abattre, une énergie nouvelle; il lui fournit, pour revenir au bonheur, des moyens qu'il ne se soupçonnait pas.

Des nations gémissent sous le joug de la tyrannie : vient un moment où la liberté brise leurs fers. La vérité est obscurcie par le mensonge, qui lui creuse un tombeau : elle en sort brillante de gloire. L'ignorance, et tous les maux qui forment son triste cortége, règnent dans une contrée : la lumière de la science dissipe ces ténèbres épaisses. Hélas ! trop souvent, à la suite du bien vient le mal, mais de ce mal renaîtra le bien. Ainsi, des pays éclairés et florissans ont été envahis par la barbarie. *La parole a été perdue*, c.·. à d.·. que l'intelligence (le *logos*, le *verbe* de Platon) y a été étouffée : elle a été retrouvée, ou le sera plus tard.

Le Génie dans les sciences, et dans les arts industriels.

Aux essais informes et grossiers d'une industrie naissante, aux travaux manuels qui satisfont péniblement aux premiers besoins de la vie la plus simple, succèdent les productions du génie, qui perfectionnent les arts mécaniques, fournissent à l'existence des douceurs inconnues, des jouissances nouvelles, procurent à l'esprit des plaisirs délicats, et créent ou étendent la vie intellectuelle. Le Génie! oui, si l'étoile flamboyante et la lettre G indiquent au Comp.·. celui qui a donné la raison à l'homme pour l'aider à se conduire avec sagesse et mesure, elles rappellent au Maître la bonté de ce même Dieu, qui, pour embellir sa vie, a jeté dans son ame

une étincelle de ce feu qu'il a lancé dans l'espace
infini pour y allumer des soleils sans nombre.
Hiram sortant des ténèbres du tombeau, c'est le
génie de la civilisation, qui, de l'homme brut et
misérable dans l'état sauvage, fait un être si
industrieux, si étonnant, et qui l'associe à la
divine intelligence pour en perfectionner l'ouvrage. Dans le 2ᵉ gr.˙., la Maç.˙. rend un juste
hommage aux trav.˙. mécaniques ; mais ces
trav.˙. ne suffisent pas à une civilisation un peu
avancée. Fidèle à son système d'intérêt social,
elle place le M.˙. dans une sphère plus élevée,
en lui faisant admirer dans les productions du
génie les bienfaits du Créateur, et la puissance
de l'intelligence humaine. Quel vaste et beau
sujet pour les Orateurs dans ce gr.˙., que le
génie et ses merveilles ! quels magnifiques contrastes à présenter entre la nature brute et la
nature cultivée, entre l'homme des forêts et
l'homme de la civilisation ! Dans le premier,
l'ame est étouffée sous le poids de la vie ani-
male ; dans le second, elle a toute l'activité de la
vie intellectuelle. C'est bien Hiram passant de
la mort à la vie, des ténèbres à la lumière.

Nota. Nous avons esquissé ce sujet dans un discours
pour la Maîtr.˙., TOM. III, p. 121, *Encycl.˙. Maç.˙.* D'après
les nouvelles découvertes, principalement sur l'emploi
de la vapeur, il y aurait aujourd'hui des considérations
nouvelles à joindre à ces aperçus. Comme il n'y est à peu
près question que de l'application du génie aux arts industriels, nous ajoutons ici quelques données sur l'éloquence et la poésie.

Le Génie dans l'éloquence et la poésie.

Si, des chefs-d'œuvre que la main de l'homme
a exécutés à l'aide d'une intelligence sagement
développée, nous passons aux effets merveilleux

de l'éloquence et de la poésie, nous reconnaî-
trons à quelle hauteur le génie s'élève quand il
est inspiré par de nobles sentimens, par les
principes universellement reconnus de la philosophie religieuse, par l'amour du beau, de l'humanité, de la patrie, par une juste admiration
des ouvrages de l'éternel géomètre.

Bossuet, dans ses Oraisons funèbres, n'a pas
toujours la force de résister à l'usage qui semble
malheureusement être la loi de ce genre d'éloquence, celui de flatter les hauts personnages
dont il est chargé de célébrer la mémoire. Mais
combien il est grand, lorsque voulant retracer
les malheurs de la reine d'Angleterre, fille de
notre Henri IV, et femme de l'infortuné Char-
les Iᵉʳ, sur la tête de laquelle se sont accumu-
lées, suivant son expression, toutes les extrémités
des choses humaines, la félicité sans bornes,
aussi bien que les misères, il débute par cette
sublime leçon aux hommes revêtus d'une grande
puissance :

« Celui qui règne dans les cieux, et de qui
relèvent tous les empires, à qui seul appartient
la gloire, la majesté et l'indépendance, est aussi
le seul qui se glorifie de faire la loi aux rois, et
de leur donner, quand il lui plaît, de grandes et
terribles leçons. Soit qu'il élève les trônes, soit
qu'il les abaisse, soit qu'il communique sa puissance aux princes, soit qu'il la retire à lui-même,
et ne leur laisse que leur propre faiblesse, il leur
apprend leurs devoirs d'une manière souveraine
et digne de lui ; car, en leur donnant sa puissance, il leur commande d'en user, comme il le
fait lui-même, pour le bien du monde ; et il leur
fait voir en la retirant, que toute leur majesté
est empruntée, et que, pour être assis sur le

trône, ils n'en sont pas moins sous sa main et sous son autorité suprême.... »

Lorsque le même Orateur parle de la bonté dans les grands, son langage, pour être moins austère, n'en est pas moins élevé, et il ajoute à ce mérite celui d'une grâce touchante :

« Loin de nous les héros sans humanité! ils pourront bien forcer les respects et ravir l'admiration, comme font tous les objets extraordinaires; mais ils n'auront pas les cœurs. Lorsque Dieu forma le cœur et les entrailles de l'homme, il y mit premièrement la bonté, comme le propre caractère de la nature divine, et pour être comme la marque de cette main bienfaisante dont nous sortons. La bonté devait donc faire comme le fond de notre cœur, et devait être en même temps le premier attrait que nous aurions en nous-mêmes pour gagner les autres hommes. La grandeur qui vient par-dessus, loin d'affaiblir la bonté, n'est faite que pour l'aider à se communiquer davantage. Les cœurs sont à ce prix; et les grands dont la bonté n'est pas le partage, par une juste punition de leur orgueilleuse insensibilité, demeureront privés du plus grand bien de la vie humaine, c'est-à-dire des douceurs de la société. »

Deux autres prédicateurs (Poule et Bridaine), qui étaient loin, bien loin du génie de Bossuet, l'ont égalé une fois, exaltés qu'ils étaient par une circonstance particulière.

Le premier, prêchant dans une assemblée de charité, à côté et sur les voûtes mêmes des cachots qui renfermaient les prisonniers en faveur desquels il cherchait à émouvoir les cœurs, fait une peinture si vive et si vraie de leurs souffrances, et de la situation dans laquelle étaient alors les accusés, qu'il semble à ses auditeurs avoir percé ces voûtes pour leur faire entendre « les » murmures confus des prisonniers, les plaintes » de la misère délaissée, les gémissemens de l'in- » nocence méconnue, les hurlemens du déses- » poir, des voix sépulchrales, semblables à la voix » de la pythonisse, s'exhalant en sanglots comme » dessous terre. » Les transportant en imagination au sein d'un clarté funèbre, il leur fait voir, et toucher en quelque sorte, « des tombeaux habi- » tés, une nourriture qui sert autant à prolon- » ger les tourmens que la vie, un peu de paille » éparse çà et là, quelques haillons, des cheveux » hérissés, des regards farouches, des fantômes » hideux, se débattant dans les chaînes, des » hommes l'effroi des hommes...... » L'illusion est complète parmi les auditeurs : les uns sont attendris, les autres frémissent d'épouvante ; tous ouvrent leur bourse ; la main des dames qui recueillent les dons de la charité, ne peut sup- porter le poids des pièces d'or et d'argent qui pleuvent. L'impression qu'a fait éprouver ce sé- jour de douleurs, se propage hors des murs, et donne à l'orateur, dans la capitale et dans tout le royaume, une réputation extraordinaire.

Le second, missionnaire, ne se faisait ordi- nairement entendre que dans les campagnes, dont les habitans étaient attirés de loin par sa voix tonnante, et par son imagination féconde en figures bizarres et populaires, qui faisaient sur eux une forte impression. Un jour qu'il devait prêcher à Saint-Sulpice, la plus haute compagnie de la capitale s'y rassembla par cu- riosité. Loin d'être troublé par un auditoire auquel il était si peu accoutumé, il conserva la dignité de sa position. Dans un exorde improvisé,

il fit entendre un langage sévère à des hommes
dont la plupart n'étaient venus chercher que le
plaisir malin d'entendre l'orateur des villageois :

« A la vue d'un auditoire si nouveau pour moi,
il semble, mes frères, que je ne devrais ouvrir la
bouche que pour vous demander grâce en faveur
d'un pauvre missionnaire, dépourvu de tous les
talens que vous exigez quand on vient vous parler
de votre salut. J'éprouve cependant aujourd'hui
un sentiment différent, et, si je suis humilié,
gardez-vous de croire que je m'abaisse aux misé-
rables inquiétudes de la vanité. A Dieu ne plaise
qu'un ministre du ciel pense jamais avoir besoin
d'excuse auprès de vous ! car, qui que vous soyez,
vous n'êtes comme moi que des pécheurs. C'est
devant votre Dieu et le mien, que je me sens
pressé dans ce moment, de frapper ma poitrine.
Jusqu'à présent, j'ai publié les justices du Très
Haut dans des temples couverts de chaume ; j'ai
prêché les rigueurs de la pénitence à des infortunés
qui manquaient de pain ; j'ai annoncé aux bons
habitans des campagnes les vérités les plus ef-
frayantes de ma religion. Qu'ai-je fait, malheureux ? j'ai contristé les pauvres, les meilleurs
amis de mon Dieu ; j'ai porté l'épouvante et la
douleur dans ces ames simples et fidèles, que
j'aurais dû consoler. C'est ici, où mes regards ne
tombent que sur des grands, sur des riches, sur
des oppresseurs de l'humanité souffrante, ou des
pécheurs audacieux et endurcis, ah ! c'est ici seulement qu'il fallait faire retentir la parole sainte
dans toute la force de son tonnerre, et placer
avec moi dans cette chaire, d'un côté, la mort
qui nous menace, et de l'autre, mon grand Dieu,
qui vient vous juger. Je tiens aujourd'hui votre
sentence à la main. Tremblez donc devant

9.

moi, hommes superbes et dédaigneux qui m'é-
coutez..... »

Qu'il est éloquent, cet avocat général, lorsque
la généreuse indignation lui dicte ces belles
pages où il flétrit la barbarie et l'absurde ini-
quité de la *question*, où il prouve que les magis-
trats qui font intervenir le bourreau dans l'inter-
rogatoire de l'accusé, surpassent en cruauté les
anciens qui prenaient plaisir aux combats des
gladiateurs, et nos pères qui ordonnaient les
épreuves de l'eau et du feu; ces autres pages non
moins belles, où il met à nu l'atroce absurdité
de ces interrogatoires secrets dans lesquels « l'accusé, enlevé subitement à son cachot, ébloui du
jour qu'il revoit, et transporté tout-à-coup au
milieu des hommes qui vont traiter de sa mort,
garotté, assis sur une sellette, sans défenseurs,
tremble lors même qu'il est innocent, lève à
peine un œil incertain sur les arbitres de sa vie,
dont les sombres regards épouvantent les siens.
Il croit lire d'avance son arrêt sur les replis si-
nistres de leurs fronts; ses sens, déjà troublés,
sont frappés par des voix rudes et menaçantes;
le peu de raison qui lui reste, achève de se
confondre; ses idées s'effacent; sa faible voix
pousse à peine une parole hésitante, et, pour
comble de maux, ses juges imputent peut-être
au trouble du crime un désordre que produit la
terreur seule de leur aspect..... »

Admiration et reconnaissance pour le vertueux
SERVAN, dont la voix éloquente n'a pas peu con-
tribué à faire supprimer ces formes odieuses !

Et notre grand historien de la nature, l'immortel Buffon, tout à la fois poète, orateur et
philosophe, au style majestueux et simple, aux
idées sublimes, pour lesquelles il s'est fait une

langue qui lui est propre, comme il démontre la distance immense que la bonté du créateur a mise entre l'homme et la brute, sa supériorité physique et morale sur tous les êtres vivans, sa noble structure et sa merveilleuse organisation ! Quel riche et fidèle tableau des qualités du fier et courageux coursier, de la sagacité, de la docilité, de l'attachement et de l'intrépidité du chien, le seul ami qui reste à l'homme dans sa misère, le serviteur dévoué qui meurt pour défendre son maître, et qui expire sur sa tombe quand il lui survit ! S'il nous charme par ses descriptions particulières, quel ravissement éprouvons-nous lorsque nous nous élevons avec lui aux généralités de la nature !

Un soldat de l'Empire n'était connu que par sa valeur et ses talens militaires. Des champs de bataille, il passe sous la Restauration, à la tribune législative. A la joie et à la surprise des amis de la liberté, qu'il défend avec autant de mesure que d'énergie, il se montre tout-à-coup grand orateur. Pourquoi sa parole est-elle si puissante? C'est qu'elle est l'expression d'un cœur noble, d'une ame élevée, d'un caractère indépendant, de la conviction profonde d'un homme de bien. Il meurt, et par un élan spontané qui se communique à toutes les classes, celle même des ouvriers, la reconnaissance publique, se manifestant dans une foule de souscriptions privées, réalise une très riche dotation en faveur des enfans du général Foy.

Que ne doit pas encore la civilisation à la poésie, que Voltaire appelle la *musique de l'ame!*

En mille écrits fameux la sagesse tracée
Fut, à l'aide des vers, aux mortels annoncée,
Et partout, des esprits ses préceptes vainqueurs,

Introduits par l'oreille, entrèrent dans les cœurs.
Pour tant d'heureux bienfaits les muses révérées
Furent d'un juste encens dans la Grèce honorées,
Et leur art, attirant le culte des mortels,
A sa gloire en cent lieux vit dresser des autels.

C'est le génie poétique qui, par la voix d'Orphée, ou des anciens sages dont il n'est peut-être
que le type idéal, a donné aux mortels ignorans
et superstitieux, les premières idées justes sur le
père de la nature, le père de tous les peuples,
sous quelques noms et sous quelques formes
qu'ils l'adorent.

      L'univers existe à sa voix,
La nature et le temps agissent par ses lois;
Tout adore et bénit sa suprême puissance.
Invisible et présent on le trouve en tous lieux,
    Il remplit la terre et les cieux;
    Par lui tout se meut, tout respire;
    Sa durée est l'éternité,
    Et les bornes de son empire
    Sont celles de l'immensité.

    Par lui brille en nos prés la riante verdure;
D'abondantes moissons les guérets sont couverts;
L'automne de ses fruits enrichit la nature,
Et l'aquilon fougueux ramène les hivers.
De l'énorme éléphant à la fourmi rampante,
De l'aigle au passereau, du monarque au berger,
Tout vit, tout se maintient par sa faveur présente.
Il change comme il veut la matière impuissante,
    Et seul ne peut jamais changer.

Eternel, qui peuplas les airs, la terre et l'onde,
Dont l'univers entier annonce la grandeur,
Toi dont l'astre du jour emprunte sa splendeur,
    Toi qui d'un mot créas le monde,
    Sagesse, puissance, bonté,
    Justice, gloire, vérité,
Principe de tout bien, seul bien digne d'envie,
Puissé-je, après ma mort, dans une heureuse paix,
M'enivrer en ton sein dans ces sources de vie,
    Qui ne doivent tarir jamais!

Combien est puissant par son génie notre Pierre Corneille, dont l'expression est si noble et si pure lorsqu'il traite de nobles sujets, Corneille, énergique et fidèle interprète de la fierté d'un peuple libre, et qui en montrant l'homme dans toute sa dignité, le grandit à ses propres yeux !

Et notre divin Molière, cet hercule nouveau qui abattit en se jouant, l'hydre de l'hypocrisie, vice alors dominant, Molière, qui, obligé de payer son tribut au mauvais goût de son siècle, fut réduit à descendre jusqu'au genre grotesque, afin d'attirer à ses chefs-d'œuvre philosophiques un public accoutumé au dévergondage de la grosse joie ! Combien de travers il a corrigés en riant ! avec quel art il a démontré dans le *Misantrope*, que la sagesse et la vertu doivent être douces, indulgentes et aimables, pour que leur empire s'étende, mais que l'honnête homme n'en est pas moins respectable pour avoir des défauts d'humeur et une trop brusque franchise !

Nous pourrions citer bien d'autres poètes qui par la magie de leurs vers, ont fortifié dans les ames l'amour de l'honnête et du beau, ont remplacé de stupides et barbares préjugés par des vérités salutaires, et dont le talent si bien employé a eu la plus heureuse influence sur l'amélioration sociale. Honneur à leur génie bienfaisant !

Symboles particuliers.

(Voir dans le Catéch.·. Q.·. 30, 31, 35, 37 et 38, la pierre cubique, la Pl.·. à tracer, le bijou, les cinq points parfaits, le cordon.)

L'allégorie du T.·. de Salomon continue dans ce gr.·., puisque la fiction qui en est la base, est un épisode de la construction de ce temple.

La Maçonn.·. en ajoutant ce symbole à ceux que dans ses différens gr.·. elle a empruntés aux anciens mystères, à plusieurs systèmes religieux, mythologiques, chevaleresques et philosophiques, semble avoir voulu nous garantir de tout système exclusif, et par conséquent, de toute espèce de fanatisme, augmenter les trésors de notre sagesse, et nous former à la tolérance pratique, par la preuve de fait, qu'il y a partout pour l'intelligence quelque chose de bon à recueillir. L'interprétation donnée au T.·. est simple et rationnelle. Depuis longtemps on dit en langage religieux et moral, que se livrer au vice, c'est souiller le temple de Dieu. Se respecter soi-même, ennoblir son être par la vertu et le savoir, c'est donc éviter cette profanation, c'est élever, c'est consacrer un beau temple à la divinité. Les anciens philosophes connaissaient cette allégorie. « C'est de son cœur, disait l'un d'eux, qu'il faut faire un temple au père des êtres ; il n'en a pas sur la terre qui lui soit plus agréable qu'une ame pure. » Quand le vertueux Marc Aurèle disait qu'il portait Dieu dans son cœur, il entendait que la grande pensée de la présence divine le soutenait dans les contrariétés de la vie et dans la pratique du bien. Socrate aussi portait Dieu dans son cœur, puisque le motif principal de sa patience et de sa fidélité à ses devoirs, était de lui obéir et de lui plaire. C'était là sans doute ce qu'il entendait par son bon génie. Tel est le vrai principe religieux, qui ne se borne pas à une simple croyance, mais qui dirige la conduite.

La branche d'Acacia (Q.·. 39), c'est l'arbre de la science. Enée est dirigé vers le rameau d'or, emblème analogue, par les colombes de Vénus, types d'amour, de douceur, et de la beauté qui caractérise les œuvres de la sagesse, comme l'indique une de nos colonnes. Ainsi une belle ame, qui se plaît aux jouissances intellectuelles, cultive la science pour se les procurer ; un bon cœur, qui éprouve une tendre compassion pour les maux de l'humanité, la cultive encore, parce qu'elle est un moyen d'en trouver le remède ou l'adoucissement, de tout perfectionner, les arts, la philosophie, les doctrines et les formes *. Tels furent les motifs qui animèrent tous ceux dont les nations reçurent de sages préceptes, depuis Orphée, Pythagore, Confucius, Platon et Socrate, jusqu'à Fénélon, Penn, Franklin et autres.

Suivant une des plus justes et des plus brillantes allégories des Grecs, les trois Grâces étaient toujours auprès de Vénus. Il n'y a pas en effet de belle production, il n'y a pas de beau caractère sans cet aimable accompagnement. Platon disait souvent à un de ses disciples les plus zélés et les plus fidèles, mais qui avait des formes un peu rudes : *Sacrifiez aux Grâces*. Ce n'est donc pas assez d'être un Maçon probe, délicat, irréprochable, bienfaisant : à la sévérité des principes pour soi-même, il faut ajouter envers les autres la douceur et l'indulgence, la modestie, cette affabilité vraie qui vient d'un cœur affectueux, pénétré du sentiment de la fraternité, et qui n'exclut pas la franchise.

---

* Le perfectionnement pour beaucoup d'institutions humaines, surtout les institutions religieuses, consiste dans leur simplification. Elles ont commencé par être fort simples. Le demi-savoir, la fausse science et d'autres causes les ont surchargées. Elles se perfectionneront en revenant à leur simplicité primitive.

§. II. *Préparation du Récipiendaire,*

ET DISPOSITION DE LA L.˙. POUR LA RÉCEPTION.

Les préliminaires indiqués pour l'App.˙. qui
désire une augmentation de salaire, doivent être
observés à l'égard du Comp.˙. qui sollicite son
passage dans la Ch.˙. du milieu, c.˙. à d.˙.,
qu'il doit présenter en L.˙. de Comp.˙. sa demande appuyée par le premier Surv.˙., y être
examiné sur le 2ᵉ gr.˙., et même sur le premier
si on le juge convenable, être placé dans la Ch.˙.
de préparation, où l'on peut lui donner des
questions à résoudre par écrit (p. 134, et Q.˙.
6, 7, 8, 9 et 10, p. 104 et 105). Les rituels désignent l'appareil de cette Ch.˙., et les devoirs
du F.˙. préparateur.

L'aspirant devant être présenté en L.˙. de M.˙.
comme Comp.˙., en porte le costume (Q.˙. 5, p.
160). S'il y a plusieurs candidats, un d'entr'eux
est choisi pour subir les épreuves de la réception
(p. 137). Les autres sont introduits sans bruit,
un instant avant le premier, et placés en tête de
la Col.˙. du 1ᵉʳ Surv.˙., ou des deux côtés, suivant
leur nombre, de manière à ce que tous soient
près du cercueil. Ils peuvent être interrogés
comme le Récip.˙. principal.

Quant à la L.˙. de M.˙., dite Ch.˙. du milieu,
quoique celle-ci n'en soit en réalité qu'une faible partie (Q.˙. 12, p. 161), elle est de l'appareil
le plus lugubre. Mais pour remplir fidèlement
l'objet caractéristique du gr.˙., il faut pouvoir
passer par une transition subite et à peine sensible, des ténèbres de la mort à l'éclat de la vie.
Il faudrait donc deux Ch.˙. qui offrissent ces
contrastes bien tranchés. En effet, pour ramener
une vive lumière dans la même pièce, et pour

changer les tentures, il faut du temps : les esprits
sont distraits, et l'illusion est détruite. Le passage
d'une Ch∴ à une autre offre à peu près les mêmes inconvéniens. Afin de les éviter, la L∴ Isis-
Montyon n'a qu'une pièce pour les deux parties
de la cérémonie. L'O∴, qui occupe un assez
grand espace, est brillamment décoré et illu-
miné; il porte encore pour transparent l'ét∴
flamb∴ avec la lettre G, qui reçoit ici une
explication particulière (Q∴ 28, p. 170); à droite
et à gauche sont les deux inscriptions IMMOR-
TALITÉ, GÉNIE. Tout cet espace est voilé par
deux rideaux noirs, depuis le haut jusqu'en bas.
En avant, au pied des marches de l'O∴, est
placé un petit autel pour le premier acte de la
réception. Au moment où Hiram est relevé, les
rideaux sont rapidement écartés de chaque côté,
le petit autel est enlevé avec la même prompti-
tude, et les yeux des assistans, qui étaient dans
les ténèbres, sont vivement frappés par l'éclat
qui leur succède. Ce premier effet est déjà opéré
lorsqu'on rétablit la lum∴ dans les autres parties de la L∴. Cet éclat subit, qui attire et fixe
les regards, et dispense de changer la tenture de
ces autres parties, un chant de triomphe, une
harmonie du même caractère, un discours analogue, ont toujours eu un plein succès, et bien
marqué les deux contrastes de la cérémonie.
Toutes les fois que la L∴ confère la Maîtr∴
avec cette solennité, un grand nombre de visi-
teurs embellissent ses Col∴. Il n'est pas rare
même que plusieurs LL∴ lui présentent des
Comp∴ pour les recevoir en leur nom, et toujours elle les accueille avec l'esprit de désinté-
ressement et de fraternité qui anime ses membres.

10

§ III. *Réception.*

Nous avons vu que le gr∴, quant à la doctrine philosophique et morale, donne lieu à beaucoup d'applications diverses. Quant aux formes,
elles ont un objet unique, qui exclut à peu près
toute addition, toute variante, c'est de représenter la mort et la résurrection d'Hiram. Nous
ne pouvons donc mieux faire que de renvoyer
aux rituels pour l'introduction du récip∴, et
pour les autres parties de la cérémonie. Mais
cette cérémonie, il faut la conduire avec beaucoup d'ensemble et de soin; il faut surtout que
de bonnes interprétations lui donnent de la vie
et de l'intérêt. Nous avons constamment remarqué qu'elle est froide et fatigante, et que les
anciens MM∴ se dispensent autant qu'ils le peuvent, d'en être témoins, lorsqu'on la confère
uniquement d'après le texte des cahiers, qui ne
contiennent et ne peuvent guère contenir que
des formules. La longue histoire d'Hiram, pré-
sentée comme un fait, et non comme une fiction
allégorique, est également loin de satisfaire les
récipiend∴ qui raisonnent : nous en avons en-
tendu plus d'un accuser la Maç∴ de faire des
contes absurdes et des drames fort ennuyeux.
On gâte ainsi un des plus beaux grades. Les formules sont une lettre morte, et souvent rebu-
tante, si l'on n'explique pas à l'instant même,
celles qui sont de nature à effaroucher au premier abord.

Tout en invitant à suivre les cahiers de la
Maît∴, nous sommes obligé de faire observer
qu'ils contiennent deux inconséquences palpa-
bles. La première, c'est que le Comp∴ qui
se présente, est d'abord arrêté comme suspect

de l'assassinat d'Hiram, et qu'ensuite il remplit
le personnage d'Hiram lui-même, qui est frappé,
meurt et ressuscite. La seconde, plus choquante
encore, c'est que ce sont les trois premiers digni-
taires, qui, après avoir montré beaucoup d'ardeur à venger le meurtre de l'archit.·., prennent
le rôle des trois Comp.·. assassins d'Hiram, le
frappent, et lui donnent la mort, sauf à déplorer
ensuite le sort de la victime, à chercher son
corps, et à lui rendre la vie.

Pour faire disparaître cette double anomalie,
il ne faut qu'une légère modification, qu'indique
la marche suivante.

Après les premières questions, et l'examen du
tablier, le Présid.·. n'insiste que très faiblement
sur le soupçon du meurtre à l'égard du Comp.·.;
il motive la défiance et le traitement dont celui-
ci a été l'objet, sur la circonstance douloureuse
où se trouvaient les MM.·., et sur une réponse
équivoque qui lui était échappée; il le rassure, et
lui adresse quelques questions, notamment dans
le sens de la Q.·. 8, p. 161, et sur les cinq premiers
deg.·. du T.·., p. 118. Il lui demande de nouveau
s'il est innocent du crime qu'on déplore. Sur
sa réponse affirmative, il lui représente que ce
meurtre n'étant qu'une allégorie, la question ne
porte plus sur un attentat matériel, mais sur le
meurtre moral de lui-même, dont il se serait
rendu coupable, s'il avait altéré la pureté de son
ame par des vices, la fausseté, le mensonge, etc.,
et finit par demander à lui et à chacun de ses
corécip.·. s'il y en a, une réponse cathégorique
à cette question : un seul d'entre vous va-t-il
s'approcher de l'autel avec des sentimens de
haine contre quelqu'un de ses semblables, avec
des désirs de vengeance, avec des vues réprou-

vées, soit par la probité, soit par la délicatesse ?...

S'ils se déclarent purs de tout mauvais sentiment, il leur fait sentir l'importance d'une pareille déclaration, et de l'engagement sacré qui en est la conséquence.

Ici tous les récép∴ prêtent leur obligation : à celle de la discrétion, ils ajoutent, conformément au vœu exprimé p. 150, la promesse de se mettre en garde contre l'orgueil, l'envie et la cupidité; d'être dévoués à leur devoir jusqu'à être prêts à lui sacrifier tout intérêt, la vie même; d'être modérés et bienfaisans dans la prospérité, autant que fermes dans le malheur; de s'attacher étroitement au faisceau qui unit les frères entr'eux, afin de faire ensemble plus de bien, et de se soutenir mutuellement dans les difficultés de la vie; d'honorer le bon emploi du génie et des talens; en un mot, de se tenir constamment entre l'équerre et le compas, et de prouver par leurs sentimens et par leurs actions, qu'ils savent apprécier la dignité de la nature humaine.

Après les cérém∴ indiquées pour l'attouch∴ et les mots d'App∴ et de Comp∴, le T∴R∴ annonce au récip∴ figurant qu'il va représenter M∴ Hiram, et le fait conduire en avant du cercueil, et face à l'est; il invite le 1er Exp∴ et le 1er M∴ des cérém∴, à se tenir à côté de lui, l'un à droite, l'autre à gauche.

Il fait, d'après le rituel, mais en l'abrégeant, et en l'entremêlant de quelques réflexions, le récit de la sanglante catastrophe. Lorsqu'il annonce le dernier coup, qui a donné la mort à Hiram, il frappe un fort coup de maillet, auquel la Col∴ d'harm∴ répond par un son lugubre et unique. Aussitôt l'Exp∴ et le M∴ de cérém∴ renversent le récip∴, et l'étendent dans le cercueil qui est derrière lui.

Suite du récit, les trois voyages prescrits, pendant lesquels la Col∴ d'harmon∴ exécute des airs plaintifs.

Lorsque le T∴ R∴ a relevé le récip∴, il dit à haute voix :

« MM∴ FF∴, oublions notre douleur, et livrons-nous à la joie. Nous avons retrouvé notre M∴ Hiram, vainqueur de la mort. Ainsi chaque hémisphère, tour à tour affligé par l'absence de l'astre vivifiant, reprend, lorsqu'il reparaît, sa brillante parure; ainsi, le flambeau du génie dissipe la nuit de l'ignorance, la vérité succède à l'erreur, des jours sereins à des temps nébuleux.

» Écartez ces tentures de deuil, rendez la clarté à ces voûtes sacrées, faites briller les flammes pures, symbole de l'ame active et impérissable. (On met le feu à de l'alcool dans une cassolette.)

» Homme immortel, salut! jamais ma lyre sainte
    N'osera t'appeler mortel.
    Des cieux, en un jour solennel,
Tel qu'un triomphateur, tu dois franchir l'enceinte,
Rayonner de leur gloire en tes regards empreinte,
    Et te mêler à l'éternel.
(Lecture grave ou chant de ces vers.)

» Applaudissons, MM∴ FF∴, par les batteries, et par notre acclamation triomphale.

» Et vous, FF∴ de l'harm∴, exprimez par vos accords notre juste allégresse. »

Il remonte à l'autel, fait renouveler en deux mots l'obligation aux récip∴, les consacre, etc.

Discours spécial sur le gr∴. — lecture du catéch∴ en tout ou en partie, suivant le temps.

Ce mode de réception n'est pas long, et fait bien ressortir les deux caractères opposés du gr∴. Le discours du président ou de l'orateur doit beaucoup ajouter à l'intérêt de la cérémonie.

.10

Les instructions diverses et nombreuses que nous avons indiquées dans le catéch.·. et dans le 1er § de ce chap.·., peuvent fournir le sujet de plusieurs discours, et permettre ainsi de les varier suivant que les réceptions sont plus ou moins rapprochées. Au reste, on a pu remarquer, d'après les déductions que nous avons puisées dans les trois gr.·. symb.·., qu'on y trouve aisément la matière de plus de vingt discours intéressans, sous le rapport de la philosophie morale, de considérations prises dans la nature, et de la Maç.·. positive. C'est une mine féconde, ouverte au zèle et au talent. Les gr.·. supérieurs en offrent une autre qui n'est pas moins riche.

Remarquons encore qu'il n'y a de distinction à établir entre les deux rites, Franç.·., Écoss.·. et autres, que pour les mots, sign.·. et attouch.·., et quelques formes spéciales, mais non quant au fond de la doctrine, dont l'identité est propre à maintenir entre tous la plus intime fraternité; qu'en conséquence, un rit fait bien de prendre à un autre ce qu'il y trouve de bon sous ce rapport, ce qui doit engager les Maç.·. zélés à les étudier tous autant qu'ils le peuvent; que l'Écoss.·. et le rit Franç.·. étant fort répandus, il est bon que les LL.·. qui sont en voie de prospérité, cumulent ces deux rites. Mais dans ce cas, elles doivent les pratiquer également tous les deux. La L.·. Isis-Montyon fait succéder, exactement chaque trimestre, les trav.·. de l'un à ceux de l'autre.

Des motifs d'urgence, et autres, peuvent ne pas toujours permettre de conférer les 2e et 3e gr.·., et des séries ou gr.·. supérieurs, avec le même appareil et les mêmes développemens. Nous regardons comme indispensable que les présidens se fassent pour chaque gr.·. ou série, excepté pour celui d'app.·., où la réception ne se prolonge que par les épreuves morales, qu'on étend ou resserre à volonté, deux sortes de cahiers, l'un complet, pour les grandes promotions, et l'autre pour les cas particuliers où il faut abréger, pourvu que cette abréviation porte principalement sur les cérémonies, et le moins possible sur les instructions spéciales du gr.·.

NOTES.

A, p. 160. HIRAM, ADONHIRAM. — ECOSSISME.

La vieille habitude scolastique de querelles d'autant plus animées, que leur objet était plus obscur ou plus futile, s'est quelquefois introduite chez les maçons pour les diviser. Ceux-ci adoptaient Hiram, ceux-là Hiram-Abi, d'autres Adonhiram ou Adoniram, ou, par abréviation, Adoram : dispute frivole, et toute de mots, puisque ces différentes dénominations désignent également le chef, le maître, et, par une extension allégorique, le soleil, puis l'Eternel Géomètre. Abraham, célèbre dans l'Asie, où il a été appelé Bram, Abram, Ibrahim, et qui est peut-être le Brama des Indiens, signifie aussi *père élevé, père de la multitude.*

Des auteurs maç∴ pensent que Hiram et Adonhiram sont deux personnages distincts, et que ce dernier remplaça le premier dans la direction des travaux. Cette question nous est très indifférente, et chacun peut en croire ce qu'il voudra. Le livre *des Rois* parle d'un Adonhiram, non comme architecte du temple, mais comme intendant des tributs levés au profit de Salomon, fonction qui semble exclure celle de diriger une grande construction, pour laquelle il faut une expérience et des connaissances spéciales. Le même livre désigne Hiram comme un très habile ouvrier en métaux, qui fut envoyé à Salomon par le roi de Tyr, du même nom, et décrit les nombreux ouvrages en airain qu'il fit dans le temple. Du reste, il ne fait aucune mention de la sanglante catastrophe : elle est empruntée au Talmud, recueil qui offre un mélange de bonnes instructions et de rêveries rabbiniques (p. 160, T∴ 4, Encycl∴ Maç∴).

Ce drame, formellement reconnu comme une fiction dans les rituels des gr∴ supérieurs, peu digne de la Maç∴ si on le présentait comme historique, et si on ne le relevait par la belle allégorie à laquelle il donne lieu, ne figurait pas dans la Maç∴, telle qu'elle était pratiquée en France en 1773, époque de l'ouvrage déjà cité du F∴ Enoch. En effet, quoiqu'il entre dans les détails les plus minutieux sur les trois gr∴, et sur le quatrième et dernier, celui de l'Architecte, il ne dit pas un mot d'Hiram.

Cependant on trouve pour la maîtrise, l'histoire du meurtre de l'archit.·. du temple, dans un autre ouvrage anonyme, imprimé à Amsterdam, en 1745, et intitulé *le secret des Maç.·. trahi*. L'auteur, qui, malgré l'apparence hostile de son titre, parle de la Maçonn.·. avec éloge, ne dit pas de quel rit il cite les travaux. D'après les mots d'App.·., de Comp.·. et de M.·. qu'il révèle, bornant la Maç.·. à ces trois gr.·., on peut croire que ce sont les trav.·. du rit suivi en France. Voilà des contradictions et des obscurités que nous ne nous chargeons pas d'expliquer. Ce qu'il y a de moins contestable, c'est que le rit français adopta Hiram postérieurement à la publication du F.·. Knoch, et une partie des formes de l'Écossisme pour la collation de la maît.·., comme on peut le voir par le *Recueil de la Maçonn.·. Adhoniramite*, imprimé en 1787. L'auteur ne désigne la victime que sous le nom d'Adonhiram. Il se peut qu'avant 1745, lorsqu'il n'y avait pas encore en France un centre d'unité bien établi, quelques LL.·. aient placé la fiction d'Hiram dans le 5ᵉ gr.·.

Ramsay, né en Écosse, et amené en France encore enfant, à la suite de la révolution de 1688, par sa famille attachée aux Stuarts, voulut introduire dans la Maç.·. un système qui fût l'histoire emblématique des croisades et de l'Ordre des Templiers, et créa sur cette donnée un rit auquel il donna le nom de son pays. On croit que ce fut vers 1728. Ses succès, quoique tardifs, encouragèrent la vanité, et il parut des gr.·. *par centaines :* Thory, dans son histoire de la Maçonn.·., intitulée *Acta Latomorum*, en compte près de 800, tant rites que gr.·. Des Mères-Loges, des chapitres métropolitains, se formèrent de tous côtés, et la Maçonn.·. devint une tour de Babel. Il fallut que l'Institution tirât une grande force de ses principes généraux, pour qu'elle résistât à l'ébranlement que lui causa cette superfétation. Elle eut pour effets des dissensions, des schismes, le dégoût et la désertion des Maçons les plus purs, le mépris et le ridicule dans le monde prof.·., la défiance des gouvernemens sur la doctrine de certains gr.·., qui semblaient voiler une politique hostile, et cette défiance redoubla dans quelques pays l'esprit de persécution. Des Maç.·., épris de ces nouveautés, formèrent à Londres, en 1739, une G.·. L.·., rivale de celle qui existait. Celle-ci appela le nouveau rit, *moderne*, et celui qu'elle pratiquait, *ancien et accepté*. Ce fut ce dernier rit, en trois gr.·., tel que des LL.·. de la correspondance de la G.·. L.·. nationale Suisse, le pratiquent encore sous le titre de *Rit anglais des anciens Maç.˙. libres et acceptés*, que des Anglais apportèrent en France vers 1725, et qui s'y étant acclimaté, et ayant cessé, par la création d'une G.˙. L.˙. française, de dépendre de celle d'Angleterre, finit par être appelé *rit français*, puis *rit moderne*, surtout après que le G.˙. O.˙. y eut amalgamé, en 1786, une partie de l'Écossisme, par l'adjonction aux LL.˙., de chap.˙. en quatre ordres. L'Écossisme, qui avait alors 25 gr.˙., affecta d'appeler le rit franç.˙. avec ses sept deg.˙., *rit moderne*, et de se glorifier plus que jamais du titre de *rit ancien et accepté*. Le rit français devenait en effet moderne d'après sa nouvelle organisation; mais on voit que dans l'origine, c'était lui qui était l'ancien, et que celui qui était avec raison appelé moderne en Angleterre, était l'Écossisme. Il paraît n'avoir eu d'abord que 18 deg.˙. Par suite de réunions de plusieurs corps constituans, et de concessions réciproques sur une multitude effrayante de gr.˙., il fut porté à 25, puis enfin à 33, ce qui est beaucoup trop si on ne les utilise pas, comme nous essaierons de le faire dans nos cahiers suivans, mais peut encore être considéré comme une conciliation heureuse, relativement au déplorable chaos qui déshonorait la Maç.˙. Voilà ce qui nous a paru le plus certain après beaucoup de recherches, autant qu'on peut s'en rapporter à des documens dont le vague a pour cause la défense d'écrire en Maç.˙.

Voici maintenant de nouvelles obscurités et de nouvelles contradictions.

L'Écossisme en 25 deg.˙., soit du rit d'Hérédom ou Hérodom, qu'on dit être une montagne d'Écosse, soit du rit de Kilwinning, village du même pays, où était une association d'ouvriers en bâtimens, la plus célèbre de celles du même genre, soit du rit d'Hérédom de Kilwinning (car on trouve souvent ces deux noms réunis), cet Écossisme à peu près le même sous ces dénominations diverses, existait bien certainement en 1761, et ses statuts ont été rédigés à Bordeaux en 1762. Quant à l'Écossisme en 33 deg.˙., on croit généralement qu'il a été importé en 1804, d'Amérique sur notre continent, par le F.˙. de G.˙.-T.˙. et autres colons réfugiés, qui, pour lui donner plus de crédit, l'ont présenté, par la plus effrontée de toutes les impostures, comme ayant été organisé et réglementé le 1er mai 1786, par le Grand Frédéric II, roi de Prusse, qui avait bien autre chose à faire s'il avait alors joui de ses facultés, qui a protégé la Maç.˙. comme société morale et de bienfaisance, mais qui n'en a jamais été chef ni Grand

Maître, et qui mourut en août suivant après onze mois
d'une maladie dont la gravité fut sans interruption et sans
relâche. Eh bien! nous avons vu, nous avons tenu plusieurs jours entre les mains, et copié très exactement
(p. 390, T.˙. III, et 160, T.˙. IV de l'Encycl.˙. Maç.˙.) une
patente de 33e, délivrée en 1797 au F.˙. Villards, Maç.˙.
plein de zèle et de bonne foi, et qui a été Offl.˙. du G.˙.
O.˙. de Fr.˙., par un consistoire de Genève, avec mention
dans le libellé, de ses lettres constitutives, émanées de la
G.˙. L.˙. métropolitaine et universelle d'Edimbourg en
Ecosse, sous la date du 10e j.˙. du 1er m.˙. 5729. La date
en avait été altérée par le temps, pour le jour et le mois;
mais l'année 1797 y était inscrite très nettement, ainsi que
nous le faisons remarquer à la seconde citation du T.˙. IV.
Le F.˙. De G.˙. et ses compagnons, ruinés dans les colo-
nies, et qui voulaient se faire une ressource de leur pré-
tendue importation, pouvaient donc appeler leur écossisme, *ancien et accepté*, puisque, s'il faut en croire le titre
ci-dessus, il existait en Ecosse, au moins depuis 1729;
mais ils manquaient à la bonne foi en le donnant comme
une invention du roi de Prusse, qui aurait été directement et exclusivement portée en Amérique, ce qui eût
été absurde (car ce prince aurait commencé par l'établir
dans ses états), et qu'ils ramenaient comme une nou-
veauté sur notre continent. Au surplus, cet écossisme en
33 degrés n'était qu'un maladroit remaniement des deux
rites en 25. En raisonnant toujours dans la supposition
de l'authenticité des lettres constitutives d'Edimbourg, on
peut croire que des LL.˙., choquées avec raison de ce
nombre exorbitant de 33 deg.˙., et voulant se faire *puis-
sances maçonniques*, ont resserré les 33 en 25. Puis après
plus de 70 ans, des spéculateurs éhontés ont *délayé* à leur
tour les 25 en 33; ils ont vendu comme neuve, comme
de fabrique royale, et revendu *à divers*, en prenant l'argent de toutes mains, cette marchandise falsifiée! Quelques siècles plus tôt, ils auraient dit qu'un ange la leur
avait apportée du ciel.

Nous sommes entré dans ces détails, afin que nos lec-
teurs aient quelques notions historiques sur l'Ecossisme,
et qu'ils sachent qu'on s'est permis des fraudes dans la
Maç.˙. comme dans plus d'une institution religieuse, que
faute de documens précis, on est réduit à des conjectures
sur beaucoup de faits, que par conséquent il ne faut pas
y attacher une grande importance. Ce sont les doctrines
qui méritent l'attention la plus sérieuse, et non des points

d'érudition. Une bonne action vaut mieux en Maç∴ que cette vaine science, comme elle est en religion, bien au-dessus de toutes les subtilités théologiques.

B, p. 183. UNITÉ, UNIVERSALITÉ DE LA RELIGION.

« Adorez Dieu, aimez votre prochain, aidez-vous les »uns les autres, remplissez consciencieusement, dans la »vue de plaire à Dieu, d'avoir votre estime et celle des »autres, et de vous assurer un véritable bonheur, tous »vos devoirs d'hommes, de citoyens, de fils, d'époux, de »pères, de frères. » Voilà ce qu'ont dit depuis des milliers d'années, tous les fondateurs d'institutions religieuses, et ce qu'ont répété leurs disciples, ceux de confucius en Chine, de Brama dans l'Inde, de Zoroastre en Perse, du Grand Lama au Thibet, d'Hermés ou Thaut en Egypte, de Moyse dans la Judée, de Manco-Capac au Pérou, de Mahomet dans l'Arabie, d'Orphée en Gréce, de Numa dans l'ancienne Rome, ceux du Christ, catholiques dans Rome moderne, luthériens dans le nord de l'Europe, cal-vinistes à Genéve, quakers à Philadelphie, et les autres sectaires qui forment les branches nombreuses du chris-tianisme.

Cette unanimité de la doctrine morale, qui est le lien commun de toutes les sectes, malgré les divisions que le dogme établit entr'elles, prouve qu'elle est émanée du père de toutes les nations, aussi bien que l'instinct de conservation qu'il a mis dans toutes les classes d'ani-maux. Tous les hommes en effet la trouvent dans leur cœur, et savent qu'ils font mal lorsqu'ils en violent les saints préceptes. Or c'est évidemment la pratique de ces préceptes, appuyée de la sanction religieuse, qui est la religion. Les erreurs des sectes et les passions individ-uelles peuvent altérer la pureté de la morale dans cer-tains esprits, qui s'en font une fausse; mais la vraie morale est une. Il n'y a donc aussi qu'une seule religion, qui est comme la morale, divine, éternelle, universelle. On ne dit pas *des morales :* c'est en langage exact, un égal contresens de dire *des religions.* Les cultes divers ne sont pas la religion; ils sont des formes, plus ou moins bonnes, plus ou moins défectueuses, pour la pratique extérieure. La religion, et la morale, qu'elle appuie, sont immuables, parce qu'elles viennent de Dieu; les cultes sont variables, parce qu'ils ont été institués par des hommes, sujets à erreur, ayant des vues de domination, d'intérêt per-

sonnel, ou qui avaient à contenir par le frein de formes et
de lois de circonstance, des peuples grossiers, dont ils
désespéraient de réprimer efficacement les p........tales, s'ils ne leur présentaient que la vérité, pure de toute
fiction, comme on fait des contes aux enfans pour les
rendre sages.

TABLE DU TROISIÈME CAHIER.

(Afin que la table analytique soit complète, nous la ré-
servons pour le dernier cahier de ce cours.)

Nota. Le prix de ces cahiers a été établi à raison de
.. p. bien pleines et très minutées, pour chacun. Le 2e
.. à 84, le 3e, 60 : il y a compensation.

TROYES.—IMP. ET LITH. BOUQUOT.

www.ingramcontent.com/pod-product-compliance
Lightning Source LLC
Chambersburg PA
CBHW072014290326
41934CB00009BA/2076